U0442724

大
方
sight

此處葬曹操

唐际根 著

中信出版集团 | 北京

图书在版编目（CIP）数据

此处葬曹操 / 唐际根著 . -- 北京：中信出版社，
2023.6（2023.9 重印）
ISBN 978-7-5217-5625-8

I. ①此… II. ①唐… III. ①曹操（155-220）- 墓葬（考古）- 考古发掘 - 安阳 IV. ① K878.84

中国国家版本馆 CIP 数据核字（2023）第 067256 号

此处葬曹操
著者： 唐际根
出版发行：中信出版集团股份有限公司
（北京市朝阳区东三环北路 27 号嘉铭中心 邮编 100020）
承印者： 北京启航东方印刷有限公司

开本：720 mm×920 mm 1/16 印张：17 字数：180 千字
版次：2023 年 6 月第 1 版 印次：2023 年 9 月第 2 次印刷
书号：ISBN 978-7-5217-5625-8
定价：128.00 元

版权所有·侵权必究
如有印刷、装订问题，本公司负责调换。
服务热线：400-600-8099
投稿邮箱：author@citicpub.com

目 录

引子   1

第一章   青石墓志透露的秘密   1
第一节   驸马都尉鲁潜   3
第二节   文物局在左   公安局在右   12

第二章   挖出"四室两厅"   27
第一节   考古队来了   29
第二节   神道朝东   36
第三节   随葬文物的数量与种类   59

第三章   何以是曹操   73
第一节   考古现场的"死亡密码"   75
第二节   文献里的证据关联   100
第三节   此处葬曹操   114

第四章　质疑与反质疑	125
第一节　风雨曹操墓	127
第二节　倾听质疑声	131
第三节　质疑背后的真相	136

第五章　高陵里的曹操印象	179
第一节　文献记录的超世之杰	183
第二节　墓葬里的人生真实	204

尾声　英雄谢幕	255
后记	259

引　子

曹操，中国社会一个妇孺皆知的名字！

他写下的"对酒当歌，人生几何"已经传唱千年。他高歌的"老骥伏枥，志在千里"让人耳熟能详。他在官渡之战中创造出以少胜多的神奇战例，却又在赤壁之战中尽显悲凉。他有统一天下的雄才大略，却不得不接受"三足鼎立"的骨感现实。他是学者笔下的巨人，却又被诗文小说家贴上"乱世奸雄"的标签。

1 800余年前，他上演完自己的全部活剧，永远地谢幕了。然而有关他的种种争议，并未随着他的谢世而终结，甚至连葬身之处也变得扑朔迷离。

本以为，安阳西高穴村的考古发现解开了曹操的葬地之谜，然而社会最初投给考古学的却是怀疑和讥讽：

"考古队怎么能确认这座墓不是一座故意留些器物的假墓？"

"考古队发掘是为了当地政府的'墓葬GDP（国内生产总值）'。他们被河南人收买了！"

"曹操墓里惊现两个头盖骨，经考古学家鉴定，一个是曹操的，另一个是曹操小时候的。"

本以为，安阳西高穴村的考古发现拂去了历史强加给他的诸多不公，然而在许多人眼中，曹操依然是窃取汉室，为乱天下，作践民生的"汉贼"[1]。

西陵今还在,寒烟几度秋!

我们误解了曹操墓,也误解了曹操!

---

1. 陈寿《三国志·蜀书·先主传》:"董卓首难,荡覆京畿,曹操阶祸,窃执天衡;皇后太子,鸩杀见害,剥乱天下,残毁民物。"

第一章

青石墓志透露的秘密

第一节　驸马都尉鲁潜

葬在安阳的历史名人

在中国的城市中，安阳是特殊的存在。这座城市也许没有北京、西安、洛阳、南京、杭州、开封知名，却是无可争议的"七大古都"之一。

有学者曾按"作为都城所历经的朝代数"以及"作为都城的总时长"给每座城市赋值，结果安阳的得分居然超过南京、杭州与开封，是中国七大古都中排名靠前的重要古都。

历史上的西安、洛阳作为都城的总时长超过千年，成就了大汉、大唐的辉煌。北京曾经是金中都、元大都以及明清两代的都城，至今仍然是中国的政治心脏。安阳自公元前14世纪成为商朝人的"天邑商"，又在曹魏、后赵、冉魏、前燕、东魏、北齐数代为都，总时长达到390余年。

按老百姓的说法，既是都城，必然埋有"大官"。

这也确实不假。不仅有"大官"，更有帝王葬在附近。自商王盘庚将商朝都邑迁徙于此，历代商王便埋在了这里。20世纪30年代，考古发掘确认了商朝的陵园，并发掘清理了至少九位国王的陵墓。曹魏、后赵、冉魏、前燕、东魏、北齐几个朝代，也必有皇帝葬于此。除了帝王，"大官"更是大有人在。21世纪初实施南水北调工程期间，考古队便在干渠沿线发掘出了不少"皇亲国戚"。如北魏大臣李华、东魏将军赵明度，还有北齐贾进、刘杀鬼（刘通）等人的墓葬。这些都是北朝时期的名人。其中贾进是西汉名臣、写过《过秦论》的贾谊的后裔;刘杀鬼曾为梁州刺史,更是位"画门雀于壁间"、使人"拂之方觉"的艺术家型官员。

这些林林总总的名人中,有一位的墓葬扯上了曹操。此人便是鲁潜。

鲁潜也是位"大官"。关于此人,历史文献中只能查到有限的记载。

《晋书》:"晋都尉鲁潜叛,以许昌降于勒。"[1]

勒,即石勒,羯族人,后赵的开国皇帝。作为中国历史上的少数民族政权,后赵存在的时间很短暂。公元319年建国,公元351年便被另一个短命王朝冉魏(350—352)所灭。

《晋书》上这条文献记载的背景是,石勒领兵在山西、河北、山东征战,所向披靡,山东、河北一带的原西晋将领或被杀,或归降。鲁潜也在归降之列。

数百年后,司马光撰《资治通鉴》回忆起五胡入华时,也曾提及此事:"都尉鲁潜以许昌叛,降于后赵。"[2]

这条记载中鲁潜的个人信息明确:曾是据守许昌的西晋都尉,后在战事中降了后赵。

古往今来,多数人物都如烟尘逝去。能在文献,特别是司马光的《资治通鉴》中留名,鲁潜已经是历史的"幸运儿"了。意想不到的是,这位本来只被古代文献偶尔提及的西晋都尉,却倔

---

1. 房玄龄等:《晋书》卷一百五。
2. 司马光:《资治通鉴·晋记·卷十五》。

强地在历史中寻找"存在感"——1998年,他的墓志鬼使神差般从地里"钻"了出来,并且带来了他更丰富的生平信息。

鲁潜墓志

西高穴村,是豫北大地上一个毫不起眼的小村庄。

说它不起眼,在于它的规模与建筑没有特别之处。百十间瓦房聚集在一起,略显得有些杂乱。村中的小路,曾经狭窄而泥泞,如今已经铺上了柏油路。类似的村庄,在豫北地区几乎到处都是。

西高穴村位于河南安阳市区西北15千米处,行政上隶属安阳县安丰乡(今属殷都区)。该村西依太行,北临漳河。当地人往往以"依水临峰"来描述周边环境。自豪之情,洋溢于言辞之间。

河南安阳西高穴村附近(作者拍摄于南水北调考古工程实施前一年)

西高穴村出现于何时？史书无载。

散落分布的邻村，以及村与村之间延绵的田畴，却不时揭开他们荣光的过去。村民们在田间地头，捡块秦砖汉瓦、拾枚古钱残贝，早就习以为常。

20世纪70年代，西高穴村办了一家窑厂烧砖，但砖的价格始终卖不上去。据说是因为烧砖的土中瓦渣、瓷片太多。

西高穴村的邻村渔洋村，有一位叫龙振山的村民，喜欢收集古董，被人称作"土博士"。

龙振山的收藏与众不同，只着眼于自己村庄附近的田间地头。长年以来，他不仅收集铜器、瓷器、卜骨，也拾回家大量历朝历代的陶片。他的藏品已达3 000余件。2007年在安阳师范学院和安阳市博物馆支持下，他从中选出1 000余件，在自家院中建了一个展室，让来客免费参观。考古学家曾经拜访龙振山，惊讶地发现其藏品的年代涵盖了从中国史前时期至明清两朝所有不同时期，足以说明他所在的渔洋村是一座"至少6 000年没有间断"的古村[3]。

龙振山的收藏中，有1枚铜质门钉，外观简洁大气，让人联想起北京紫禁城内的朱门。见过此枚门钉的考古学家，都断定这枚门钉是规格很高的建筑物残留下来的，年代应属东汉，至少也是魏晋时期。

既然与渔洋村相邻，西高穴村一带深厚的历史背景可想而知。

---

3. 唐际根：《渔洋村的传说》，《中国文物报》，2007年。

西高穴村不仅与渔洋村相邻，村北先前还有古刹一处，名槐荫寺，据说东汉就已存在。该村南尚有无名冢数座，当地人说已历经千余年的沧桑。

北宋名相韩琦曾写下："西山遗冢累累在，衰草寒烟几度秋"的诗句。

西高穴村往北跨过漳河，有当年曹操练兵的"讲武城"。由此再往北去，便是著名的北朝墓群。自西高穴村东行约15千米，还有曹魏至北齐时期的邺城遗址。邺城与西高穴村之间，有一条南北通衢的千年古路，文献中称为"车马大道"[4]。2001年，中国社会科学院的一支考古队曾发现过这条大道的路基，证实它与今天的107国道基本平行。"车马大道"两侧，同样古迹众多。

身处古迹包围的西高穴村，自己的历史根脉又在哪里？作为七大古都之一安阳的一部分，这里地势高亢，应是亡人归葬的佳壤。曾经活跃于安阳政治舞台的名人，是否也曾魂归此地呢？

1998年4月，西高穴村村民徐玉超在村西北取土烧砖，无意间发现一块略呈方形的青石，石上刻有文字。此事传到渔洋村的"土博士"龙振山耳中，龙振山赶忙找到徐玉超。看过青石后，龙振山大吃一惊：这不是一方墓志吗？

墓志是古人死后的特殊随葬品。它的作用是追记死者生平，因而成为考古学家探究死者身份最重要的物证之一。

龙振山先做了一张拓片，同时建议将这方墓志交给文物部门。

---

4. 安阳市交通志编纂委员会：《安阳市交通志》，人民交通出版社，1990年。

徐玉超接受了劝告。随后二人携带着墓志来到安阳市，找到当时分管文物工作的安阳市文化局副局长党项魁和市文物工作队队长孟宪武。

青石上的秘密

龙振山和徐玉超带来的墓志，宽31.5厘米，高20.7厘米，厚4.5厘米。

党项魁和孟宪武与龙、徐二人寒暄过后，便迫不及待地阅读起墓志上的文字。

墓志上刻14行120字。全文如下：

赵建武十一年，大岁在乙巳，十一月丁卯朔，故大仆卿驸马都尉勃海赵安县鲁潜，年七十五，字世甫，以其年九月廿一日戊子卒，七日癸酉葬。墓在高决桥陌西行一千四百廿步，南下去

鲁潜墓志，1998年出土（曹操高陵遗址博物馆馆长孔德铭供图）

陌一百七十步，故魏武帝陵西北角西行卌三步，北回至墓明堂二百五十步，陟上党解建字子泰所安，墓入四丈，神道南向。

墓志的文字并不深奥，加上些许历史背景知识，便可读懂它的主要内容。

墓志的前几行，介绍了鲁潜的生平。

建武，是历史上著名的"杀人狂魔"、后赵皇帝石虎（295—349）的年号。按照墓志所载，鲁潜是勃海郡赵安县人，死于后赵建武十一年（345），享年75岁。由此推算，鲁潜应生于晋武帝司马炎在位时的泰始七年（271）。其生平最好的年华属于西晋时期。石勒攻取许昌时，已是不惑之年的鲁潜降了后赵。

这方墓志的主人是鲁潜，按照习惯，便称鲁潜墓志。

如果说这方墓志的前半部分与文献记载形成"互证"，并补充了鲁潜的个人信息，后半部分却透露了一个惊天秘密。

叙述完墓主人信息之后，墓志开始描述墓葬的位置。

墓志的后半段提及一个地点：高决桥。

高决桥显然指某个地点。"高决"二字的发音，与今天"西高穴村"实在太相近了，使我们不得不相信后赵的"高决"就是今天的"高穴"。今天的西高穴村距漳河很近，高决桥是否会是位于今天西高穴村附近跨漳河的一座桥呢？

叙述了鲁潜墓与高决桥的位置关系后，墓志突然提及魏武帝，说鲁潜墓在"故魏武帝陵西北角西行卌三步，北回至墓明堂二百五十步"。

学过历史的人都知道，魏武帝就是曹操。

鲁潜墓志的一番"套磁"，无意间透露了曹操陵墓的位置：即从魏武帝陵的西北角往西四十三步，再往北二百五十步即可到达鲁潜墓的明堂。

四十三步是多远？二百五十步又是多远？

按西晋前后的度量衡，一步为五尺，而一尺约相当于现在的24.12厘米[5]。四十三步，即大概51.85米。二百五十步，大概等于301.5米。

曹操墓就在鲁潜墓明堂东南300余米的范围内。

党项魁、孟宪武看过墓志，感到事关重大，又邀请时任中国社会科学院考古研究所研究员的笔者前来研究。笔者读过墓志，也认为其所言魏武帝陵很可能就是指曹操高陵。

出于慎重，笔者和龙振山找来徐玉超，专程赶往鲁潜墓志发现地勘查。可惜现场早已被破坏，墓志发现地点由于取土烧砖，变成了一个深近10米，面积达数千平方米的巨型土坑，要想找到鲁潜墓的位置已无可能。龙振山说，1992年砖厂取土时，曾发现多座古墓。这些古墓都有一定规模，不像是平民百姓的墓葬。其中一座古墓距鲁潜墓志出土地只有8米左右，可能被盗过，只保存了死者骨殖、数枚"桥形饰"和数枚铜钱。龙振山猜测这里原来可能是后赵时期的一处墓葬群，鲁潜墓只是其中之一。

虽然鲁潜墓本身没了着落，但并不影响墓志内容的价值。大家不希望事情就此没了下文，便极力怂恿龙振山将墓志在考古学

---

5. 吴承洛：《中国度量衡史》，《中国历代尺之长度标准变迁表》中，魏：一尺合24.12厘米；晋：一尺合24.12厘米。商务印书馆，1957年。

界公布出来。龙振山本来就是个"土博士",很快以手中的拓片为基础,结合自己了解的情况,写成了一份简报送到河南省文物考古研究所(2013年起改称河南省文物考古研究院)和河南省文物考古学会主办的《华夏考古》[6]。为了这篇文章,龙振山改了又改。2003年,《华夏考古》终于将他的简报登了出来。鲁潜墓志从此为考古学界更多人所知。

在简报中,龙振山根据鲁潜墓志所提供的位置,直接推论曹操墓就在西高穴村南。

既然掌握了曹操墓的位置,为什么安阳市文物部门不启动发掘申报程序呢?

这是因为法律方面的原因。

《中华人民共和国文物保护法》第一章第四条规定:"文物工作贯彻保护为主、抢救第一、合理利用、加强管理的方针。"这一方针,被业内称为"十六字方针"。其中最重要的是"保护为主"。因此文物管理部门掌握的标准是:帝王陵墓原则上不得发掘。

2003年有关鲁潜墓志的简报在《华夏考古》发表后,考古界没有任何一个单位或个人主动提出过勘查和发掘曹操墓。原因正在于此。

然而考古学界的自律却并不能挡住不法分子的贪婪。

没过多久,盗墓贼盯上了西高穴。

---

6. 有关鲁潜墓志的资料,见龙振山:《鲁潜墓志及其相关问题》,《华夏考古》,2003年第2期。

第二节　文物局在左　公安局在右

初探西高穴

发现鲁潜墓志的考古简报刊登出来的同一年，河南省文物局启动了南水北调中线文物普查工程。安阳县安丰乡，是南水北调中线工程在河南境内的最北段。2003年启动的文物调查工作，在安丰乡的固岸村发现了一处重要墓地。这处墓地延续时间很长，最早埋入的墓葬可追溯到战国时期，历经两汉、魏晋、隋唐宋直至元明清，其中以东魏、北齐墓葬最多。

2005年，河南省文物局南水北调文物保护办公室决定发掘固岸墓地。领队为时任河南省文物考古研究所副研究员的潘伟斌。

2005年7月，作为固岸墓地考古队队长的潘伟斌再次来到安丰乡。他最感兴趣的是固岸墓地中的魏晋墓。要知道，魏晋时期的墓葬，以往考古发现并不多。

2006年5月，借着和煦的暖风，豫北大地卸下肃穆的冬装。千年沧桑被大片掩盖，只有偶尔撕开绿色的黄土，提醒人们关注这里的历史。

西高穴村的男女老少如同往常，各自忙碌着活计。谁也没有注意到有几名陌生人朝村里走来。

陌生人没有进村，而是径直奔向了村南的岗地。

这块岗地高出周围田陌将近4米，面积在20亩左右。分田到户的时候，它被分割给了11户人家耕种。这并不是一块好地，地势高，灌溉难。但千百年来与西高穴村真正息息相关的，正是这块瘠薄之地。

来人是时任安阳县安丰乡党委书记贾振林和河南省文物考古研究所固岸考古队的潘伟斌等人。他们似乎奔着特定的目标而来。

来此之前,贾振林掌握着安丰乡最新的盗墓线索。他告诉潘伟斌,安丰乡西高穴村最近有一座大墓被盗,希望潘伟斌到现场对被盗古墓的价值作一次评估。

刚开始,潘伟斌有些犹豫。潘伟斌并不怀疑墓葬被盗的消息真伪。在安丰的日子里,他晚上经常听到沉闷的爆炸声。后来才知道,这是盗墓贼在放炮。为此他还随同当地派出所去现场抓捕过盗墓贼。眼下他怀疑的是,贾振林说的这座被盗大墓有没有那么宏伟壮观。固岸墓地的发掘工作正忙着呢。他决定先派考古队员聂凡和任成磊去现场看看。临行前他叮嘱聂凡和任成磊带上数码相机,以便拍几张现场照片向他汇报。

西高穴村在固岸村西边约数千米,但任成磊和聂凡随同贾振林居然折腾了半天才回来。潘伟斌正埋怨,聂凡和任成磊却破门而入。两个小伙子二话没说,直接将相机联在了潘伟斌的手提电脑上。等看到聂凡和任成磊拍回的图片,潘伟斌几乎打了个冷战:这座被盗古墓使用了高规格的青砖构筑墓室,墓主人绝非等闲之辈!他决定放下手头的工作,亲自去探访这座大墓,于是便有了这次西高穴村之行。

潘伟斌一行人到了岗上,徒步勘探了一番,便奔向岗地西头。岗地西头是一处南北长超过200米、东西宽接近100米、深达5米以上的大坑。这个大坑,是西高穴村村民徐镇海等人烧制砖瓦

西高穴村的烧砖取土坑以及坑内盗洞（图中白线勾画的半圆形标识处）[7]

时取土形成的。

2005年国家颁布政令保护耕地，砖窑停工。深陷的取土坑，成了犯罪分子的隐身之地。早在徐镇海等在村南岗地西头烧砖时，便有盗墓高手注意到了地下的异样。这年除夕，有人利用村民放鞭炮的时候，用炸药在坑内土质异常的地方炸开一个口子，发现地下3米处埋藏着一个砖墓。随后盗墓分子便破墓而入，将墓葬大肆洗劫一番。

考古队员有时会将盗墓贼称为"发丘中郎将"或者"摸金校尉"。

"发丘中郎将"或者"摸金校尉"这两个名号，是三国时陈琳"赏给"曹操的。曹操是否真的设了这两个官衔，已经没有人知道。但在考古队员心里，盗墓贼是他们的天敌。

考古队员痛恨盗墓贼，却又不得不和他们打交道。今天之行他们便是因为盗墓贼而来的。

---

7. 引自河南省文物考古研究院编著《曹操高陵》，中国社会科学出版社，2016年。本书图片如无标注均引自此书（编辑注）。

潘伟斌等在西高穴村西的取土坑边并未多作停留。因坑边太陡，大家只好绕道下到坑底。

在靠近大坑内的东部断崖处，贾振林停了下来。大家一眼便注意到了地下有一个又黑又暗的深洞。贾振林一指那个深洞说，到了，就在这里。潘伟斌低头望去，只见盗洞约有一米见方，里面黑乎乎的，于是趴在洞口仔细往里看，发现盗洞底部向北有个斜坡，斜坡下部有一个更大的洞，洞的周围隐隐约约有一圈青砖。再往里看，什么也看不到了。

西高穴大墓有两座，这里就是后来被称为西高穴二号墓的大墓。

潘伟斌决定顺着盗洞下去看个究竟。于是让人找来绳索，将绳的一端拴在自己腰间，另一端请贾振林和任成磊等人拉住。

潘伟斌一手拿着手电筒，顺着盗洞缓缓地下到洞里。绳子下坠了3米左右，发现砌有一圈青砖的地方正是古墓的墓顶。盗洞从墓顶的青砖穿越而过，再往下肯定便是墓室了。他留心了一下

正式发掘西高穴大墓前考古队拍摄的盗洞洞口及洞内砖砌结构（潘伟斌供图）

砖的尺寸，大约长50厘米，宽25厘米，素面磨光。他很清楚，这种砖的年代远不止千年，而且墓葬具有很高的规格。

潘伟斌决定进入墓室。他向地面的任成磊等喊了几句话，叮嘱他们拉紧绳子。

有了同事配合，他顺着盗洞向墓室下坠。向下滑行了4米左右，他隐约感觉脚下碰到了什么东西，以为到了底，于是松开抓绳子的手，没想到一下子摔倒，滚到了一个很深的土坑里。回头向上看时，洞口仅成了一个小小的亮点。

这时他距盗洞口已有八九米，四周漆黑一团。他拿起随身携带的手电筒，尽力让自己的眼睛适应墓内的环境。过了一会儿他看清楚了：这是一座规模超大、规格极高的砖室墓。该墓的墓室不止一个，自己当前所处的位置仅仅是该墓的后室，还有前室和侧室。后室的砌法极为讲究，顶部结构在考古学中称为四角攒尖式。他从后室向前爬行，通过一个通道来到前室，发现前室的墓门居然还没有被完全打开。

潘伟斌特别留意了一下墓葬被盗的情况，发现墓室内淤泥很多，许多地方有被翻动的痕迹。这使得他心情复杂起来。这座墓葬结构复杂，而且采用四角攒尖顶的结构，具备了王侯甚至帝王级规格。鲁潜墓志记载附近有曹操墓，看来这种可能性的确不能够排除。但他又心生遗憾，盗墓贼捷足先登，又一座重要的古墓遭到了洗劫。

潘伟斌没有在墓内多停留，他攀出盗洞，一面叮嘱同行的安丰乡干部立即将洞口回填，并派专人巡逻保护，一面决定及时将

西高穴二号墓的盗洞照片，由内向上看（潘伟斌供图）

这次探访结果向上级领导汇报。

贾振林急切地想知道潘伟斌对西高穴大墓性质的判断。观察了古墓结构的潘伟斌终于让他感到慰藉。潘伟斌说，这至少是一座王侯级大墓，不排除曹操墓的可能。

潘伟斌的意见让贾振林如坐针毡。这么重要的一座大墓居然被盗，岂不是让他这个书记难堪！他问潘伟斌能否进行发掘。潘伟斌摇摇头，说考古发掘必须有国家文物局批准，否则即便是官方考古队，擅自发掘也是违法的。

公安局的文物保卫战

转眼到了2008年春天，安丰乡的贾振林书记再次来到固岸考古队驻地，找潘伟斌通报了一个重要信息：西高穴大墓又发现被盗的痕迹。

原来安阳县接到省、市文物局关于加强西高穴大墓保护工作的通知后，指示当地乡、村干部按文物部门的要求，将盗洞口回填，并派专人巡逻，希望以此阻止盗墓活动，但实际操作中很难执行到位。2007年年底，一支由十二个人组成的"盗墓小组"，拿着手电、木棍、麻绳及挖土的钢筋等，通过已有的盗洞，再次进入了墓室。贾振林通报的最新被盗痕迹，正是2007年年底的盗掘活动留下的。

潘伟斌又一次来到西高穴大墓，这次他注意到墓室内的淤土比过去高了许多。之前他下到墓室中，足底着地处距盗洞口还有4米深，现在连3米都不到，说明墓室内堆了更多的淤土。这些土是从哪里来的呢？原来，盗墓贼每次盗墓，都会顺着旧的盗洞，把以前洞口的回填土推到洞穴中。墓室中的堆土，也就越淤越高。可见一年多来，前往盗掘西高穴大墓的不法分子并不止一批。

大墓后室顶部的两个大盗坑，是每个考古队员心中的痛楚。没有人知道究竟有多少盗墓贼从这两个盗坑中下到墓室，更无从知晓有多少件文物从这两个盗洞中流入不法市场。

作为主管业务工作的省文物局副局长孙英民为墓中文物的流散忧心忡忡，多次要求安阳市公安局尽快成立专案组，尽快破案。安阳市、县两级领导也意识到墓中文物流失已经是一项巨大损失，责成公安部门尽快成立专案组，专门负责此墓葬被盗案件的侦破工作。

安阳县那些年的盗墓活动的确十分猖獗。早在潘伟斌发掘固岸遗址时，盗墓活动便已经泛滥。据安丰乡固岸村村主任张清河说，2007年，他才当上村主任，就不记得跑了多少趟派出所了。因为常有派出所通知，村民因盗墓被抓，民警叫他去认人。

2008年春，考古队正式向安阳县警方提出请求，要求对西高穴大墓流失和被盗文物进行追缴。反盗墓战全面打响，并且力度越来越大。

文物收缴取得的成果，包括可拼接的石璧1块，画像石3块，石枕1件，刻字石牌1块。

收缴的石璧是断成三截的"半璧"。后来这半块璧居然和西高穴二号墓中发掘出来的另外半块璧可以相互拼接，让人在五味杂

和"魏武王挌虎大刀"石牌一块从盗墓分子手中收缴过来的石璧部分

考古队从西高穴大墓内发掘出土的石璧部分

公安局追缴的石璧与后来在西高穴二号墓中出土的石璧可相互拼接
（潘伟斌供图）

陈中联系起"完璧归赵"的成语。

收缴的3块可拼接的画像石材质相同，拼合之后图案完整，构图分上、下两部分。

上部：最左端有两位老者席地而坐，人物上方题刻有"首阳山"三字，其前有一行人物对两位老者揖拜。两位老者加上"首阳山"三字，自然让人联想起伯夷叔齐的故事。右边为一行人物，题刻有"主簿车""纪梁""侍郎"等字，表达的是纪梁（杞梁）妻哭夫的故事。

下部：中间是一座桥梁，桥下游鱼穿梭，天空中有鸟飞行。桥上有车一辆，桥两边为人对攻厮杀的场面。车的右上方题刻有"令车"二字。桥下中间一人落入水中，表情惊慌失措，其右上方题刻有"咸阳令"三字。他两边各有一条小船，船上有两人，一人驾船，一人持兵器向落水人进攻。面对进攻，落水人手足乱舞，不知所措。

此内容多见于东汉时期墓葬画像石中，表现的是"七女复仇"的故事。

关于这3块残块组成的"画像石"内容，民间还有另一种解释：主题是垓下之战。这种解释认为画面内容分上、中、下三层而不是两层：第一层讲的是项羽问路，被农夫误导进了沼泽；第二层描绘垓下之战期间项羽把他的随从分为四队，朝着四个方向突围；第三层表现项羽和乌江亭长说话的情景，亭长劝说项羽搭船东渡，项羽不愿意。

民间解读猜测成分较多，显得十分牵强。一则项羽问路不可能问到首阳山去；二则中间的项羽突围也有不妥，因为根据文献记载，项羽是骑马征战的，不应该乘车；下部更不会是乌江亭长劝说项羽东渡的场景，其题刻明确告诉大家是"咸阳令"。项羽怎么会摇身一变成"咸阳令"呢？

收缴的石枕为青石质，正面中间为一很深的凹槽，恰能放下人的脖颈。凹槽中间高，前后略低，很符合人脖颈的生理特征；石枕的背面平整，中间刻字，内容为"魏武王常所用慰项石"九字，字体为汉隶八分体。字体规整，笔画遒劲有力。

收缴的石牌呈圭形，青石材质。上有穿孔，孔中有铜环，环上连一铜链。正面刻"魏武王常所用挌虎大刀"十字。字体与石枕上的一样，均为汉隶八分体。此件文物是 2008 年 3 月有人从黑市购买的，据说出自西高穴大墓。时任安阳市文物考古研究所所长的孔德铭知道后前往了解情况，并劝说此人将这件文物交给了国家。

画像石和石牌等文物虽属收缴，没有了原生信息，但案犯对文物出自西高穴大墓内供认不讳。更重要的是，这几件文物的石料与后来发掘出土的墓内文物完全相同，其文物特征与出土物高度一致，文字、用语习惯以及句法完全一样。因此均可排除其造假的可能性。

文物局的两难抉择

早在 2005 年，潘伟斌初探西高穴后，回到郑州将探访西高穴大墓的情况向河南省文物考古研究所领导作了汇报。时任所长孙新民、副所长张志清听取了汇报。

汇报的内容显然深深地打动了两位所长。

西高穴大墓是否与曹操有关尚无法断定，但这么高规格的一座古墓，由于取土坑移去了表土，墓顶暴露在外，盗洞豁然敞开，纵使派人日夜值守，也难以防范。天长日久，不仅墓内文物无存，甚至墓葬结构也会遭到破坏。

孙新民、张志清讨论再三。最终决定将情况报送河南省文物局，申请对该墓进行抢救性发掘。

很快，一份《考古发掘申请书》送到了省文物局。负责业务工作的副局长孙英民看到了报告。

此时的孙英民，尚未亲往西高穴大墓现场，只能通过上报材料中的相关描述作出判断。他虽然注意到上报材料中的古墓正面临被盗风险，仍然坚定地否决了发掘申请。

按照政策，如此高规格的大墓原则上不能批复。更何况他批复之后，文件还要送到国务院文物行政部门审批[8]。他必须为国家把住第一道关。

孙英民当然担忧古墓的安危。他通过河南省文物考古研究所通知安阳县地方政府，务必派人将已有的盗洞回填加固，同时日夜巡护，确保墓葬万无一失。

发掘西高穴大墓的想法，不得不暂时搁置下来。

2008年初秋，安丰乡派出所抓获了一批盗墓贼，又从盗墓贼

8.《中华人民共和国文物保护法》第三章第二十七条规定："一切考古发掘工作，必须履行报批手续；从事考古发掘的单位，应当经国务院文物行政部门批准。地下埋藏的文物，任何单位或者个人都不得私自发掘。"

手中追缴了1块比较完整的画像石。安阳县政府请潘伟斌对追缴回来的画像石进行鉴定。潘伟斌判断这是块典型的东汉画像石，如果它真来自西高穴大墓，说明该墓葬已经岌岌可危。如果听任不法分子继续盗掘，特别是将来雨水进入墓室，墓室很快就会坍塌。一种巨大的担心和忧虑一时压得他喘不过气来。

贾振林怀着与潘伟斌同样的心情。他拉着潘伟斌，给时任安阳县人民政府县长的徐慧前送去一份书面材料，详细汇报了西高穴大墓面临的危险。报告强调，虽然安丰乡政府加大了对盗墓分子的打击力度，但是仍然不能有效地阻止盗墓分子对它的破坏，从2006年至2008年两年时间内，安丰乡派出所先后破获盗掘此墓葬案件4起，抓获盗墓贼二十多人。

徐慧前县长收到报告，建议潘伟斌向省文物局和国家文物局再次提出抢救性发掘申请。

随后潘伟斌赶回郑州，他要当面向省考古所领导报告情况。河南省文物考古研究所孙新民所长听取汇报后，与副所长商议，决定马上将新情况书面上报省文物局，同时申请抢救性发掘西高穴大墓。省文物局接到报告后立即召开了局长办公会，会上决定由安全处负责文物安全工作的李培军同志带领文物鉴定专家、考古专家奔赴现场，回来后立即向局领导作了汇报。

孙英民听取了李培军的口头汇报，看到省考古所的材料，意识到情况的特殊性。按国家政策，像西高穴大墓这样的王侯级大墓，原则上是不能批准发掘的。但情况果然如汇报材料所言，则又必须作出决断。

孙英民陷于两难境地，他决定去西高穴村看个究竟。他到现场一看，深感墓葬的被盗程度远远超出想象，如果不采取发掘措施，只怕很难保证大墓的文物和结构安全。如果批复发掘，也许还可以将大墓的现有结构和现存文物保存下来。

回到郑州，省文物考古研究所正好送来再次申请发掘西高穴大墓的《考古发掘申请书》。孙英民这回没有多想，直接在申请书上签了字。

这是一个被迫的决定，正应了《中华人民共和国文物保护法》文物保护方针中"抢救第一"的四个字。

申请书通过电子申报系统送到国家文物局。国家文物局了解情况后，于2008年11月同意了河南省文物考古研究所发掘西高穴大墓的请求。河南省文物局随即责成河南省文物考古研究所组织对这座古墓进行抢救性发掘。

一场震动全国的考古发掘正式拉开序幕。

第二章

挖出"四室两厅"

第一节　考古队来了

2008年11月7日，考古队正式成立。出任考古队队长的正是潘伟斌。考古队的成员，除了河南省文物考古研究所的专家，还增加了安阳市考古研究所的成员。后来的发掘过程中，郑州大学和南京大学考古专业的学生也参加了进来。

河南省文物局和省考古研究所给项目确定的名字是：安阳县西高穴汉魏墓地。

项目名称的确定大有讲究。首先，项目避开使用"曹操墓"的提法。发掘完成之前自然谁也无法确认墓主就是曹操。其次，项目并不以已经因为盗墓而闹得满城风雨的那座西高穴大墓为唯一目标，而是"汉魏墓地"。项目名称，体现了考古部门的科学态度。

对于发掘西高穴大墓，潘伟斌早就跃跃欲试。自从第一次通过盗洞进入墓室后，他便开始考虑墓主身份的问题。他不仅着手研究西高穴大墓的周围环境，同时还多次前往鲁潜墓志出土地点考察。根据所掌握的文献材料，他感觉西高穴大墓应与曹操有关。2007年，他应台北《故宫文物月刊》之邀写了一篇文章，刊登出来的标题居然是《曹操高陵今何在》。在文章中，他考证了曹操的生平、有关历史传说，认为曹操当年的埋葬地点，只能在豫北漳河南岸的西高穴村附近，甚至直接指向这座大墓。

安阳市和安阳县有关单位听说国家文物局批复了西高穴大墓的发掘申请，非常兴奋。为保证考古队发掘顺利进行，徐慧前县长专门指派时任安阳县副县长的冯家芳负责协调工作。安阳县领导，特别是县文物部门，为考古队的发掘提供了全方位的支持和配合。

考古队是 2008 年 12 月 6 日到达安阳的。

考古队第一阶段的工作，是对墓葬所在地带进行钻探。

中国人的传统是不让死去的祖先"独守孤坟"。考古队深知"墓葬"与"墓地"的关系。发掘前对墓葬所在地进行大面积勘探，早已成为多数考古人的习惯。

潘伟斌划定了钻探范围。考古队几名熟练的技术员带领从当地征用的民工，先对地表进行了简单清理。

考古队虽然使用了磁力仪或电阻仪等科技设备，但主要勘探工具仍然是"洛阳铲"（探铲）。"洛阳铲"是约一百年前河南的

洛阳铲勘探工作照

盗墓贼发明的，但考古队员们对这种半圆形铲头的工具情有独钟，即使今天，它仍然是考古队员在中原黄土覆盖地区钻探古墓的首选工具。

钻探开始不久便有重要发现。技术员们手中的"洛阳铲"探出了大面积夯土。夯土层理分明、结构密实。这种夯土显然是人力作用下形成的。队员们将钻探结果标在图上，两座带墓道的古墓轮廓清晰地显现了出来。

岗地北侧的墓葬平面呈"菜刀形"，墓道朝东，长约数十米。墓室的后部延伸到了岗西头的大型取土坑中。

岗地南侧的墓葬与北侧"菜刀形"墓平行，相距仅30米，但墓葬规模比"菜刀形"墓葬大得多。该墓的墓道朝东，墓室的一部分同样延伸到了岗西的大型取土坑内，整体平面形如汉字中的"甲"字。

对于"甲"字形墓，考古队员实在太熟悉不过了。"甲"字形墓是中国古代常见的一种高规格墓葬。在世界文化遗产——安阳殷墟遗址，便发现过数十座"甲"字形墓。

出于记录的需要，考古队将位于北侧的"菜刀形"墓编为一号墓；将南侧的"甲"字形墓编为二号墓。潘伟斌按比例计算了一下，二号墓的总面积达800多平方米。

两座墓葬的平面形状确认后，考古工作进入第二阶段。

第二阶段的工作如何进行才最合理？这么大的工程，如果有失误谁来负责？潘伟斌承受着巨大的心理压力。

他设计了多种发掘方案，最终决定采用大面积布探方的办法。

探方是考古发掘中用来控制地层和精确记录出土遗迹、遗物位置的自设坐标系统。探方面积一般为 5×5 平方米，根据不同需要可适当放大或缩小。在探方的东边和北边各留宽 1 米的隔梁，东北角 1×1 平方米为关键柱，隔梁和关键柱是最后清理的部分。这种方法是 20 世纪初英国人惠勒发明的。中国考古学家们将其借鉴过来，应用到中国的发掘实践中，已被证明行之有效。考古队先在工作区内布上探方，每个探方都呈正南北向，边长都是 10 米。潘伟斌自己心里清楚，他所布置的探方，已经完全将两座大墓覆盖在内，而且东、南、西、北都留出了清理空间。

考古队按照操作程序，先逐个将探方移除表土。这里的表土，主要是现代的农耕土。

表土移除之后，潘伟斌与队员们仔细研究了地层变化（通常下层堆积的年代早于上层，地层可帮助考古队员判断大致的时代），认为已经到了两座大墓埋藏入土时的地面。于是潘伟斌指示考古队员挖掉各个"探方"之间的"隔梁"，将全部探方连成一片。他知道，这时候最重要的工作，是将各个探方内发现的考古现象关联起来，作综合分析。

经过仔细地铲，耐心地刮，两座大墓的神秘面纱逐渐被揭开。这两座墓范围内填土的土质和土色与周边的明显不一样，由于墓内填土中掺杂有大量料姜石（古人防盗墓用的石头），并经过打夯，墓形范围内的填土颜色偏白，土质坚硬，而周边的土颜色偏暗，较为松软。因此两座墓的轮廓很容易被确认下来。

考古队员运来几百斤石灰，让工人按程序铲平已经挖开的工作面，凡见土质、土色有异常者，都用石灰标识出来。

二号墓平面呈"甲"字形，呈现的结构与钻探结果无异。到了这一阶段，墓葬的尺寸已经可以准确测量了。

整个墓道长39.5米，宽9.8米。墓室部分平面呈"凸"字形，近墓道的东端宽22米，远离墓道的西端宽19.5米，而墓室东西之间的最大长度约18米。将墓道与墓室面积相加，二号墓总占地面积大致是740平方米。

二号墓的墓道周边，排列着数十处形状特殊的封闭几何形土块，是钝角曲尺形和长方形的组合体，由于钝角曲尺形的土块形状酷似古代乐器中的石磬，考古队员称它们为磬形坑。大家观察了一番，发现了其中的规律。

原来这些"遗迹现象"南北对称，而且两两相对。如果墓道北侧某个地方发现有磬形坑，墓道南侧也会出现一个形状相同、方向相反的磬形坑。每个磬形坑凹处都环抱着一个近似长方形的

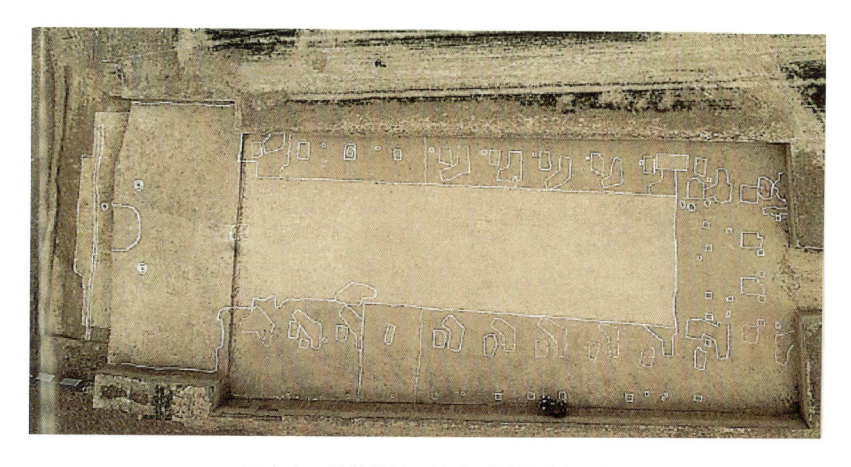

西高穴二号墓的地面遗迹（潘伟斌供图）

坑。潘伟斌与队员们简单讨论了一下，心里已经有了答案。他知道，汉代墓葬的周围，往往会有埋藏祭品的祭祀坑。但未发掘之前，这些坑的用途还不便妄下结论。

这些不规则"遗迹现象"的外侧，发现了数十个柱洞。

柱洞是考古学描述遗迹现象的常用词汇。所谓柱洞，是古代曾经立有木柱，木柱朽烂后形成的痕迹。换句话说，凡有柱洞的地方，过去曾经立过柱子。

二号墓的柱洞直径都在30厘米左右，柱洞之间的间距有明确的规律。它们以墓道的中线为中轴线，南北对称。其中墓道前部（东部）的圆洞相对比较密集。墓道南北两侧则各只有一排。这些柱子南北相距15米左右，跨度如此巨大，是否与入葬时的丧葬仪式有关？潘伟斌在心里打下了深深的问号。

二号墓的墓室顶部也发现有两个圆洞，与墓道两边柱洞不同的是这些洞周围为碎砖砌成，两个洞南北对应，相互间的距离大约有8米，柱洞的直径则达到0.5米。有趣的是，这两个洞的位置与墓道的两条边相对应。后来经过发掘，发现这两个洞非常深。究竟这两个洞是何用途？潘伟斌心里又多了一个疑问。

清理出来的平面，除了上述各种遗迹现象外，也有一种"遗迹现象"是考古队最不愿意看到的。这就是二号墓墓室后端的两个盗洞。因为移走了表土，两个硕大的盗洞非常刺眼地暴露在大家眼前。有了这两个盗洞，墓室内的随葬品肯定流失了不少。

从平面上掌握好各种遗迹现象，是下一步发掘的前提。考古发掘之所以与盗墓不同，区别之一便在于此。

潘伟斌一面安排对清理出来的各种遗迹现象进行测绘，一面请求设在安阳的国家体育总局的航空运动学校派一架直升机前来支援，拍下了两座墓葬轮廓的俯视照片。

勘探之后初步清理出来的西高穴一号墓和二号墓（潘伟斌供图）

在郑州忙碌的孙新民听说西高穴两座大墓的平面遗迹关系已经清理出来，也暂时放下了手中的工作，赶到西高穴指导发掘。随同他前来的，还有省内外多位资深研究员。

作为领导的孙新民深知此时潘伟斌身上的压力。发掘这两座墓葬工程量巨大自不消说，将来在社会上产生的影响恐怕也将不可小觑，发掘工作若有半点差池，如何向省文物局交代？如何向社会交代？专家们此次前来安阳的目的，便是为西高穴大墓的发掘献计献策。

2009年4月6日，一次"考古发掘诸葛亮会"在安阳召开。会上，潘伟斌向专家们汇报了已经取得的发掘成果，并提出了下一阶段的工作方案。专家们认为安阳西高穴汉墓规模较大，被盗掘出土的画像石等文物精美，反映出墓主身份的尊贵。专家们同时指出，虽然一号墓的情形与二号墓类似，但是两墓相较，必须有一个工作重点。考虑到二号墓已经多次被盗，考古队员事先又已进入墓室调查，而一号墓的墓室情况不明，因此应该先发掘二号墓，为日后发掘一号墓积累经验。专家们同时建议，打开墓室之前，必须先搭建发掘保护棚，将一号墓和二号墓置于棚内，以保证安全。

二号墓的发掘，不是一个简单的问题。

究竟是先清理墓道两侧的磬形坑或者方形坑，还是置这些"遗迹现象"于不顾，直接发掘墓葬？最终，大家决定先搁置墓道两旁的遗迹。

考古学对于带墓道的墓葬，通常有两种挖法：一种方法是先打开墓道，从墓道进入墓室。这种挖法可以保持墓葬原貌，缺点是速度慢，有可能因为墓室保存状况较差，出现塌方的危险；另一种方法是直接揭去墓顶。这样的好处是可以防止发掘过程中墓葬坍塌，工作进度较快，缺点是会破坏墓葬结构，而且无法了解墓道内的情况。

潘伟斌提出采用第一种方法，先发掘墓道，获得学者们认同。

第二节　神道朝东

正式的发掘开始于 2009 年 4 月 8 日。这时天气转暖，大地已经返青。

按照计划，发掘从墓道开始。勘探已经确认西高穴二号墓的墓道朝东，发掘探方自然将其整个覆盖在内。墓道系用夯土层层夯筑，致使发掘过程单调而漫长，清理起来，简直是铁杵磨针。

考古队似乎每天都在缓慢地重复着同一件事，但的确又不敢贸然加快节奏。他们担心遇到祭祀坑一类的遗迹。自商周以来，古人很喜欢在墓道中放置随葬品，尤其喜欢杀殉一些动物。这样的例子在商周墓葬中太多了。

二号墓没有发现墓道中有杀殉动物或放置随葬品的现象。现场清理出来的墓道呈斜坡形，全长39.5米，坡度大概45度，这是一个很陡的坡度。当年为墓主人挖墓穴时，墓室中的土大都是通过这条墓道运出来的。

由于填土致密坚硬，发掘难度极大。特别是经太阳一晒，更

墓道发掘现场，由东往西拍摄（潘伟斌供图）

是坚固异常。工人们抡圆了洋镐砸下去,在地面上只产生一个小白点,双手却震得酥麻。

2009年5月,大部分墓道已经被清理出来。发掘进入新的阶段。

这一天,考古队员在墓道的西端,距地表9米左右靠近墓室的地方,突然发现几块侧砌的青砖。不多一会儿,另一侧也发现同样砌法的青砖。

经验丰富的考古队员们并不急于将青砖取出,而是将这些砖留在原位不动,反而将砖前的填土清理出去。原来这些青砖是墓门两侧墓道护坡墙上的。

墓道护坡墙的出现,使队员们意识到清理工作已经接近墓室的主入口。

考古队员兴奋之余,不免又紧张起来。潘伟斌将电话打到郑州,向省考古所领导征求进一步工作意见。孙新民、张志清将情况向省文物局作了汇报。作为主抓业务工作的孙英民,此时考虑的已经不只是发掘本身,墓葬的保护也进入了他的视野。他与时任河南省文物局局长的陈爱兰商量,决定以省文物局的名义组织另一场专家座谈会,讨论发掘面临的新情况,并为发掘之后的文物保护制订方案。

6月4日,河南省文物局聘请来自北京、郑州等地的专家到安阳,先参观发掘现场,随后召开了西高穴大墓发掘以来的又一次重要会议。会上,专家们设想了多种情况,提出了数种预案。大家认为,墓道清理工作结束后,如果墓门保存完好,任何人都不得随便打开墓门,要根据墓门受损情况,先制订出打开墓门的方案,同时提出墓内文物遗存的保护方案,方可进入墓室。

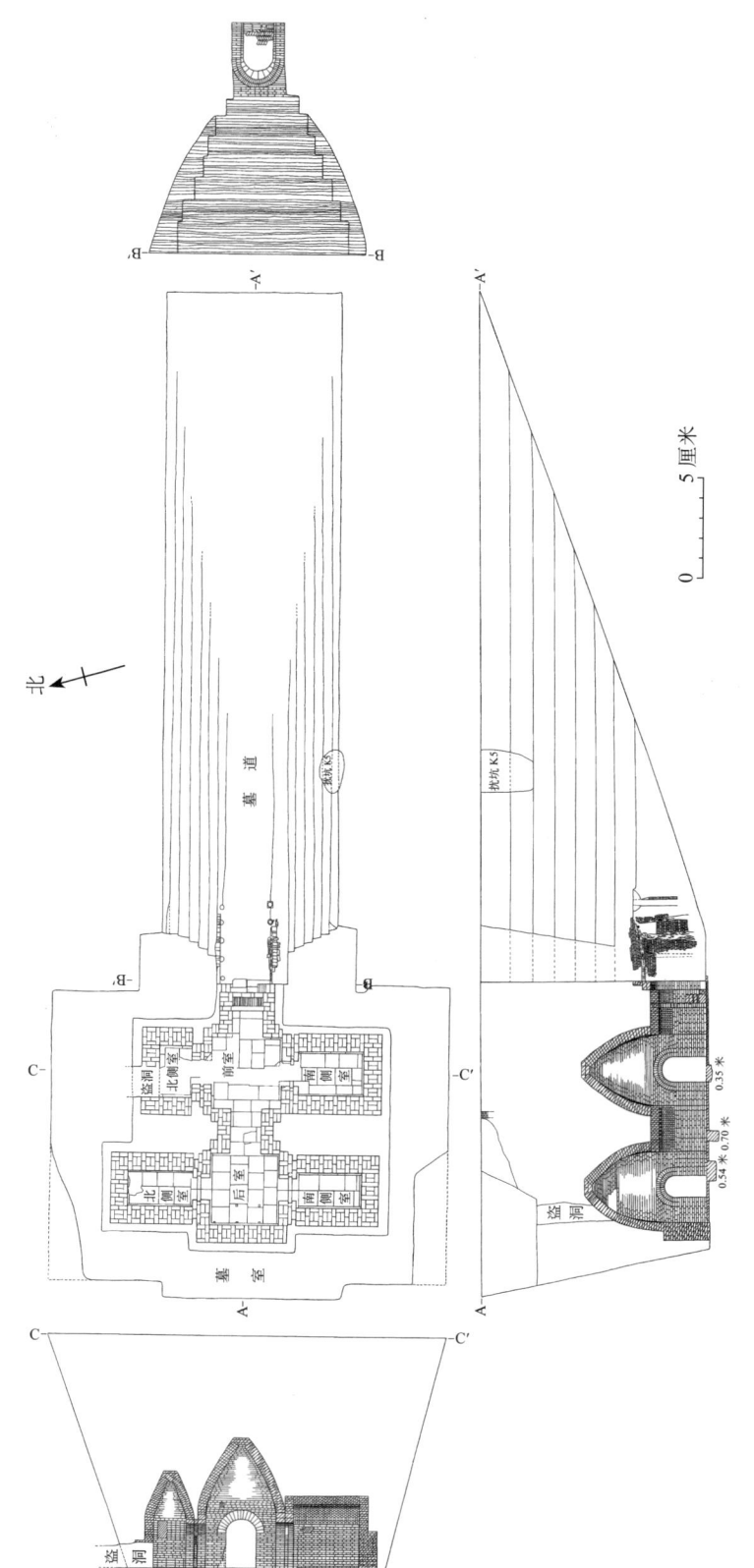

西高穴二号墓平、剖面图

发掘仍然缓慢但有条不紊地进行着。

这天,考古队像往常一样,在墓门前清理墓道填土。突然有人感觉脚下有踏空的咚咚声。潘伟斌赶紧招呼大家闪到一边,然后用铁锹向下用力一捅,一块泥土突然掉了下去,一个幽暗的洞口出现在大家面前。通过此洞,俯身向内望去,只见墓门的封门砖已经被打开了,墓门前空空的。

潘伟斌心里一凉:完了,彻底完了!

根据以往的经验,即使墓葬被盗空,墓门外的墓道里,往往会有一些随葬品。现在看来,墓门前的墓道部位要找到若干劫余文物的希望也没了!

墓门前大家一无所获。

潘伟斌还不甘心。他决定清除被填土封闭的盗洞,从盗洞再次进入墓室。他要亲自看看墓门周围的盗掘情况。

他头戴安全帽,携带手电筒,通过盗洞再次被同事用绳子拉着坠入了幽深的墓室内,爬过前后室之间狭长的甬道(不设门的过道),来到前室。眼前的情景让他一阵心痛,墓门已被彻底破坏,封门砖散落于前室,早已不是他上次进入墓室的景象。

原来,盗墓贼通过后室的盗洞进入墓室,从墓室内部将墓门打开,然后对墓门前的墓道部位大肆挖掘,形成了一个很大的空洞,而且盗洞打破了墓道两边护坡砖墙的底部,分别向南北两处延伸。

为了准确掌握盗洞的情况,他穿过墓门,直接进入盗洞。其实,这样做是非常危险的,因为盗洞上部的土层已经很薄,悬在头顶,随时都有坍塌下来的危险。

他俯下身子，全身心地察看着盗洞深处的情况，突然身后传来一声惊呼，随即被人一把从盗洞中拽了出来，摔倒在墓门口的甬道内。他正要对拽他的人发脾气，一块巨大的土块从上面呼地砸了下来，正好砸在他刚才所在的位置。好悬啊！潘伟斌出了一身冷汗。

考古队员们悻悻地将盗墓贼丢弃在墓门附近的残砖清理出来。墓门就这样被打开了。严格地说，它不是考古队"发掘"出来的，而是贪婪的盗墓贼破坏至此。

墓室的门道呈拱形，外侧是三道砖墙，砖墙后才是石门。整个门道厚度达到1.2米。石门的材质非常坚实，但仍然被打碎成了数块。

潘伟斌不失时机地安排技术员对墓门进行了测量、绘图、照相，通过测量知道墓门底部距地表的垂直深度是13米左右。换句话说，当年二号墓的墓室，由地表往下挖了约13米。这个简单的算术，每个人心里都算了一遍。

封门砖和碎石块被清除后，考古队员清理了墓门周围和甬道内的填土。此时堆在墓室内的泥土暴露出来，占了墓室内空间高度的一半，足有3米厚。此时潘伟斌明白了为什么前室内会有那么多的浮土，这些土绝大部分是盗墓贼在盗挖墓门外墓道下部时倒进墓室内的啊。

接下来是发掘最为关键的阶段：清理墓室。

潘伟斌让考古队休整了两天。他要制订一个发掘墓室的详细计划。

西高穴二号墓的墓门及封门砖,由东向西拍摄(潘伟斌供图)

他的计划是先清除盗墓贼扰动过的浮土,然后再处理墓室底部的淤土。这样可以分清楚哪些是盗墓贼动过的地层,哪些是早期保留下来的自然堆积层。考古发掘需要对这些不同地层中出土的文物分开包装,以区别被扰动过的文物和未被扰动过的文物。他同时决定对墓室内的所有土都进行网筛,然后作淘洗浮选,寄希望于通过这种更细致的工作,尽可能多地收集劫余文物,包括那些细小的、肉眼很难找到的文物。

各种设备很快到位。发掘重新启动。

清理浮土花了差不多两个月时间。除了浮土内偶然出土若干画像石残块外,这段时间考古队没有什么值得称道的发现。

终于只剩下墓室底部的早期淤土了。墓室的内部结构也完全呈现出来,这是一座典型东汉形制的墓葬。用考古的"行话"说,这是一座"前后室各带双侧室的砖室墓",但若换成"人话",可以简单地理解成"四室两厅"。即前厅、后厅;前、后厅以甬道相连,并各带两个侧室。

考古队所有人都明白,接下去的发掘,才是整个西高穴大墓发掘的高潮。

前面已经提到,二号墓的墓室,从地表的平面看呈"凸"字形,前端宽22米,后端宽19.5米。前后室之间的距离是18米,总面积近380平方米,而由底部至顶部6.5米。换句话说,二号墓的墓室,就是在这样一个空间范围内建成的。

整个墓室用大型青砖垒砌。青砖长0.5米,宽0.25米,质地致密,显然是专为建造这座墓而烧制的。墓室分前室和后室,两

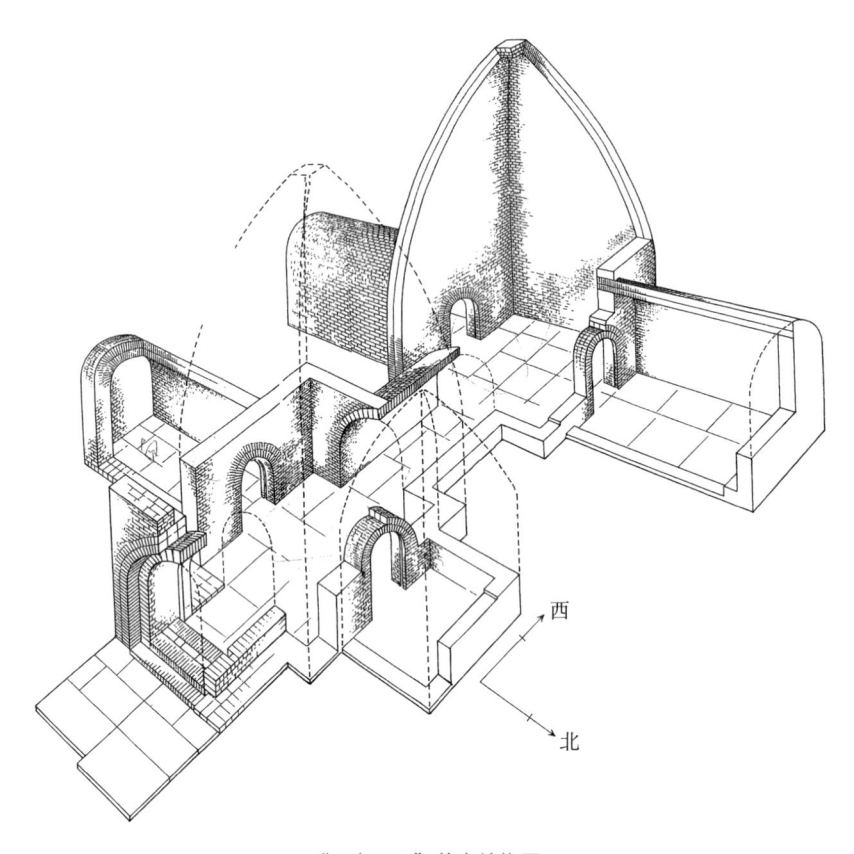

"四室两厅"墓室结构图

室之间以拱券顶的甬道相连。前室和后室的南、北两侧,又各带一个侧室。主室与侧室之间有拱形门相隔。为描述方便,我们将不同部位的空间分别命名为前室、前北侧室、前南侧室、甬道、后室、后北侧室、后南侧室。

任何人进入墓室,都能感觉到空间和结构带给人的震撼。

第一印象是满地铺石,极为平整,铺地石之间缝隙极小,纵横成行,规整洁净。

先前来到墓室的盗墓贼洗劫完墓室随葬品后，可能怀疑墓室的地面以下还藏有宝珠，曾将多块铺地石撬开。因此考古队不仅能够测量铺地石的长度和宽度，还可以测量其厚度。所有铺地石都用坚硬的石灰岩凿成，除个别铺地石外，绝大部分铺地石的尺寸都长0.95米、宽0.9米、厚0.2米，非常规整。墓室的顶部用楔形砖修砌。所有砖都是专门烧造的。

第二印象是墓室墙体宽厚。

墓葬的外墙分三层，墓室内各室之间隔墙的宽度也都在1米以上。照此计算，380平方米的空间，建筑面积占了近一半。这样的建筑，难道不是现实生活中的"高墙深院"？

第三个印象是墓内高大宽敞。

每个墓室的大小和形状并不一致。其中前北侧室的平面为东西向长方形；其余三个侧室平面呈南北向长方形。前室和后室作为墓葬的主室，比四个侧室更为宽敞，例如前室，长、宽各约3.9米，面积近16平方米；后室比前室还略大。主室和侧室之间门道的中部周侧，留有很宽的门框缝，说明四个侧室与主室（前室、后室）之间，都有宽厚的墓门封闭。

墓葬的前室、后室和前室的北侧室，都采用"四角攒尖"顶的形制修筑。从铺地石面到顶部的高度，前室6.5米，后室6.4米，比现代两层楼房还高。住城里商品房的人有很强的空间概念，6米以上的空间足以让人体验到空旷。前室的南侧室以及后室的两个侧室采用的是普通券顶，高度相近。虽然没有其他墓室空间高大，但人进入其中仍然感到其宽敞空旷。

墓室内部结构，由东往西拍摄（潘伟斌供图）

第四个印象是墙面没有壁画，只是先敷了一层泥，然后以石灰精心抹平，因而在结构尽显高贵的同时，透出一丝简朴。

墓室内淤土的清理是更为细致的工作。

按照考古操作程序，清理出土过程中的每一个步骤都必须事先规划。每一件文物的出土都必须有详细记录，给出编号，测量其三维坐标，并标记在平面图上。

最初的日子，考古队员几乎每天都在处理浮土，并未发现文物，大家不免有些失望。

10月12日，情况突然有了转机。考古队员在前室的前部，忽然发现一枚人头骨。头骨虽然被压裂，但形状基本完整，颅骨壁厚，结节发达，其主人应是男性。它埋在淤泥中，附近未见棺木，看起来是被人移位到此的。

潘伟斌一阵兴奋。他相信有了这枚头骨，就能证明这不是座空墓，更不会是"衣冠冢"。这座大墓有它的主人。

接着几天，好消息从其他各个清理地点传来。考古队陆续发现了几件陶器和铁器。最漂亮的是铁铠甲，鱼鳞状的铠甲片出土时锈结在一起，周边还散落了大量铠甲片。从出土现状判断，铠甲原来应该悬挂在木质架子上，出土时显然木架已经朽没。

一同发现的还有残断的2柄铁剑和1把铁刀。

10月21日，对于潘伟斌来说是个难忘的日子。一名考古队员在后室清理淤土时，忽然遇到1块残断的小石牌。她用小毛刷轻轻刷了两下，见上面好像残存有半个字，她赶紧将此事报告了潘伟斌。潘伟斌过来认真瞧了瞧，感觉像半个"魏"字。

魏？魏武王？曹操？

西高穴二号墓前室男性头骨清理现场

他想起自己见过的那块流落在安阳民间的"魏武王常所用挌虎大刀"石牌,感觉二者材质一样,大小形状也完全相同。

难道说传说中盗墓贼盗掘的石牌真的是从这座墓中出土的?

潘伟斌一阵欣喜。他登记了石牌的出土坐标,同时开了个现场会。他要求考古队员在任何一个清理点上发掘时,必须有两个人在场,一个人负责清理,另一个在附近负责监督,确保文物安全。

重要发现接连传来,在很短的时间内,接连出土了5块石牌。

这些石牌有的保留了其上半部分,有的保留了其下半部分,但是没有一块是完整的,这不免使队长潘伟斌感到有点遗憾。

他再一次回到郑州,向时任河南省文物考古研究所副所长的贾连敏汇报了他的新发现,并谈了自己对墓葬的分析。贾连敏按捺不住激动的心情,带着他直接找到所长孙新民进行了汇报。

孙新民所长同样兴奋异常。他说,墓葬被盗得如此严重,能有这几块石牌就可以了,你们的工作总算是没有白干,即使没有其他的发现,也足以说明问题。

令他们没有想到的是,更大的发现还在后面。

11月8日下午4点,考古队员尚金山和信应超在前室的甬道口处,清理出1块石牌,当时有字的一面朝下,上面沾满了泥土。

已经见识过其他残石牌的两位队员有些激动,这可是块近乎完整的石牌!因而他们内心充满期待,也许这块相对完整的石牌会有更多的文字!

回到考古队驻地,尚金山顾不上吃饭,迫不及待地用水冲刷

考古队在墓室中清理出石牌（潘伟斌供图）

掉石牌上的浮土。尘土拂去，定睛细看，石牌上赫然写着："魏武王常所用挌虎……"60多岁的尚金山兴奋地一下子蹦了起来，高声喊道：

"魏武王，大家快来看啊！这里有魏武王！"

大家一下子围拢过来，将尚金山围了个水泄不通，纷纷来看个究竟，并想亲手抚摸一下这块石牌。

信应超赶紧打电话向这时尚在另一个驻地的潘伟斌报喜：

"发现魏武王石牌啦！"

潘伟斌正在房间整理资料，听到这句话，以为是在开玩笑。

"你别逗我了，我受不了。"

信应超用更大的声音说：

49

"是真的，尚老师年纪那么大，都跳起来了！"

潘伟斌开始激动起来，一时间感到内心什么滋味都有，无法用语言形容。来不及细想，他急忙骑上自行车向工地赶去。

天空中依然飘洒着鹅毛大雪。积雪很深，自行车走不动，他弃车而行。这个时候的潘伟斌已经对寒冷没有了感觉，他渴望尽快见到那块神秘的石牌。到达驻地时，潘伟斌紧贴着皮肤的内衣已经浸满了汗水，身上沾满了雪，雪水在脸上融化，犹如道道泪痕。他顾不上擦，径直奔向屋内，拨开尚在激动的人群，把石牌接到手中。真正的泪水此刻充盈在他的眼眶之中。他将脸转向一边，让自己的情绪稍微平静了一下，然后再次转过脸来观看手中的石牌。

他发现石牌的下部略有些残缺，但"断茬"很整齐。他问其他队员：

"还有没清洗过的石牌吗？残片也行。"

一个队员随即答道：

"前几天好像还出土了块很小的石牌残片，由于太小，我们都没有太在意，还没有顾得上清洗呢。"

潘伟斌说："快找出来洗一洗，看能不能对得上。"

那块小小的石片很快被找了出来。信应超将它洗了洗，拿到了潘伟斌面前。石片上清清楚楚地刻着"大戟"两个字，字体和上面提到的石牌完全一致，石质也一样。

潘伟斌将石片往尚金山发现的那块残石牌的断茬上一接，居然严丝合缝。第一块完整的石牌呈现在大家的面前。石牌上的文字，从上向下逐字为"魏武王常所用挌虎大戟"。

激动归激动，墓室内的清理仍然按田野考古规程进行着。

12月12日，考古队又有了不同于石牌的另一发现。他们在后室清理出另外两个人头骨和一些零碎的肢骨。这两个人头骨加上前些日子在前室发现的人头，共是三个个体。

在清理后室甬道附近时，又出土了一些金丝。这些金丝纤细如发，有的呈盘旋状，或许是墓主人衣服上所绣金丝图案留下的遗物。

当清理范围扩展到后室的南侧室附近时，一条消息在考古队中炸开了锅：侧室的门道内侧，散落着十几块刻字石牌。

潘伟斌将新的发现打电话报告给了省文物局陈爱兰局长。陈爱兰因为中国文字博物馆开馆的事，正在前往北京的火车上。听到消息后非常高兴，陈局长让潘伟斌将每块石牌的文字内容用手机短信的形式发给她，以便她向国家文物局领导汇报。

接下来的两天里更是发现不断。第二天发现12块石牌，第三天又集中出土了24块。十几天里，总共有59块石牌相继出土。

每次石牌出土，潘伟斌都会在第一时间向省文物局和考古所领导汇报。有时候一天七八次。后来陈爱兰在接到电话时，干脆不等潘伟斌开口便说：

"我一听到你的笑声，就知道你又有喜讯告诉我了。说吧，这次又有什么重要发现。"

尽管陈爱兰局长非常繁忙，但每次听到潘伟斌的电话铃声，都会迅速接通。他们的电话成了热线。

一个周末，潘伟斌突然接到县政府办公室的电话，要他和贾振林立即携带"魏武王常所用挌虎大戟"的石牌到安阳市政府去，时任安阳市市委书记的张广智在办公室内等他们，要听取有关西高穴大墓发掘工作的专门汇报。

潘伟斌不敢耽搁，马上选好几块最有代表性的石牌往市委赶去。

到了市委大院，潘伟斌怀抱着出土的"宝贝"，和贾振林疾步登上了楼梯，赶到张广智的办公室，他们将出土的石牌逐一摆开，放在张广智的办公桌上。张广智询问了这些石牌的意义后告诉潘、贾二人，等中国文字博物馆开幕式结束后，市委、市政府要召开常委会，专门研究西高穴大墓的文物保护工作，他要求到时候潘伟斌列席会议，汇报发掘情况和收获。

专业的考古发掘不能只关注石牌本身。石牌本身的科学价值，离不开石牌的出土状况。这一点，潘伟斌是清醒的。他查看了考古队绘制的墓室内出土文物分布图，发现石牌均是从自然地层而不是盗墓贼扰动过的地层中出土的，其中几枚石牌出土时，上面居然还叠压着陶器、铁器、漆器。

从学术范畴来说，石牌被漆器、陶器和铁器叠压，形成了极好的"地层关系"。漆器本是用易于腐烂的竹、木等有机质作胎，它们很可能原本就压在石牌之上，经千年时光，腐烂的漆器与土黏在一起，很自然地将石牌掩盖了起来。石牌出土于漆器之下，完全排除了石牌是后人造假后"放置"于墓中的可能。那些叠压在石牌上的铁器，也已经锈蚀严重。看来铁器压在石牌上的日子也很久很久了。

2009年冬天，安阳出奇寒冷。多年未遇的大雪，给大地穿上了银装。道路被积雪中断了，水电和给养都成了问题，考古队只好暂时将发掘停了下来。

大雪融化之后，考古队又在中国文字博物馆的庆典中休整了几天。

对于安阳市来说，中国文字博物馆的建立，使安阳有了首座国家级博物馆。时任国家领导人、文化部部长，以及时任国家文物局局长的单霁翔等都来到安阳，为中国文字博物馆开馆揭幕。

久违了的那种"都城"的感觉，再次出现在安阳，自豪写在安阳人的脸上。

单霁翔局长利用开幕式的间隙，在陈爱兰、孙英民的陪同下，来到西高穴大墓发掘现场。计划现场视察的时间只有十分钟，但单霁翔一进入大墓，便被墓葬的规模震撼到了。他一边听取潘伟斌的汇报，一边仔细地察看墓室的结构，很快便过了约定的时间。潘伟斌只好问单局长是否有时间看一看出土文物。单局长的回答是：

"看，当然要看。"

一行人驱车赶到整理基地。单局长观察着每一件文物，不时拿出随身携带的数码相机对着画像石残块和石牌拍照。时间早已过了半个小时，陪同他前来的安阳市政府领导不得不提醒他该走了，他才恋恋不舍地离开现场。临行前他还给考古队提了几条意见：

- 注意安全，确保包括人身安全，文物安全，工作站的安全。

- 科学发掘，不要遗漏任何考古现象，工作要细致，要将骨骼作为珍贵文物对待，尽可能地收集人骨并进行鉴定。
- 马上组织专家考察发掘现场、研究出土文物、进行科学论证，尽快拿出结论，统一意见后，尽快召开新闻发布会予以公布。
- 从现在开始就要考虑今后的保护和展示工作。怎样展示，要做好规划，要立足于原址展示，原址保护，做好规划。

单霁翔具有博士学位，就任国家文物局局长以来，他不遗余力地推动文化遗产保护工作，文物考古事业面貌一新。内行看得出，单局长的几条"指示"虽然是半小时内"匆匆作出"的，但条条切中要害。

按照单霁翔局长的意见，11月19日，河南省文物考古研究所召开了专家论证会。不过学者们在这次会议中没有就墓主身份形成明确意见。接下去的二十多天中，发掘工作大有进展，河南省文物考古研究所再次于12月12日组织论证会。时任国家文物局文物保护司司长的关强（后升任国家文物局副局长）亲率十余位不同学科的专家从全国多地来到安阳。这次讨论的内容，已不限于如何发掘，而是直面问题的关键：谁是墓主？会上，多数学者已经倾向于墓主人是曹操本人。

2010年元旦前后，有关"西高穴大墓是曹操墓"的消息已经广泛传开。社会瞬间分裂成"挺曹"和"反曹"两派。这无形中给考古队带来巨大压力，但发掘还得照常进行。

考古队员心中也有个积郁已久的困惑：墓室内共有三枚人头骨，他们之间一定也有主次之分，哪一个才是真正的墓主人呢？

回答这个问题，首先要确认三名死者的棺木位置，这对于确认死者的身份至关重要。

考古队员关注着泥土中的有机物痕迹。他们知道，棺木虽朽，烂在泥土之中仍然有迹象可查，除非遭到严重扰动。果然不出所料，元月中旬，后室的南、北两个侧室中各发现了一具棺木。这说明至少三名死者中的两名，原来是安葬在后室的南、北两个侧室内的。

但另一名死者的棺木又在哪里呢？

按照葬制，这个年代的墓主不仅有棺木，而且一定会放在墓室的主室（即后室）内，然而发掘过程中却没有在后室中发现明显的棺木痕迹。

为什么三枚人头骨只有两具棺材？难道真像人们所说的，其

西高穴二号墓后室南侧室内腐朽的棺材遗迹

西高穴二号墓后室北侧室内腐朽的棺材遗迹

中某枚人头骨是盗墓贼的？

潘伟斌知道这不可能。所有考古队员都知道这不可能。

但要证明三枚人头骨本来就在墓葬之中，只有找到这几枚人头骨的原生位置，例如他们各自棺材的位置。

可恨的盗墓贼！要不是他们洗劫了墓室，头骨何曾会移位？

问题的解决居然全不费工夫。

12月24日，笔者来到西高穴。25日接近中午的时候，大家再次进入二号墓的墓室，同行的还有考古队员任成磊。细心的小任忽然发现后室后部的一块铺地石上有一处浅浅的"印痕"。潘伟斌和笔者忙驻足观察。

铺地石上的"印痕"约有12厘米见方，不像有人工凿锉的痕迹，仅仅是颜色较整块铺地石略浅一些。有一点可以肯定，没有巨型重物形成压力，坚硬的铺地石上是不可能出现这么明显的"印痕"的。

这种"印痕"会不会是孤立的呢？大家很自然地扩大了搜寻范围。小任很快又在另一块铺地石上找到一处印痕。随即笔者和潘伟斌等人在其他铺地石上都找到类似的"印痕"，一共六个。

六个"印痕"呈矩形均匀分布，所形成的矩形长2.42米、宽1.02米。细看之下，"印痕"看上去是人工有意凿开的。

"石葬具！"大家几乎同时喊出声来。

石葬具是古人为身份和等级很高的死者在墓室内承载或安放木棺用的，包括石屋、石椁、石蹋、石棺床等数种。仅凭铺地石上的几个印痕，自然还难以确定西高穴大墓内安置的究竟是石屋、石椁、石蹋还是石棺床。

西高穴二号墓后室铺地石及方形印痕

大家不约而同想起了考古队发掘西高穴大墓之初从那个早期盗洞口周围收集到的大量残破但刻有图案的"画像石"碎块。先前大家曾推测这些是类似汉墓中常见的那种镶嵌于墓葬中的画像石，但墓葬清理出来之后，大家发现墓壁上并无画像石的"镶嵌"痕迹。而且那些出自盗洞周围的画像石残块中，有10余件还被雕成了瓦当或门柱的形式，为此许多行内人士一直不接受"镶嵌在墓壁中的画像石"的说法。如果这些所谓"画像石"残块是石葬具的一部分，则基本可以排除石棺床的可能，因为棺床一般不会有瓦当；瓦当、门柱残块的存在，不能排除墓葬中原本有石屋或石椁的存在。又考虑到收集到的"画像石"残块数量巨大，达数千块之多，加上其中雕刻成瓦当的残块达到数十件，笔者和潘伟斌初步判断更有可能是石屋或者石椁。要最终确认石葬具是什么，需等研究人员将所有的"画像石"碎片拼对完整才能确定。

椁是古代为安放和保存棺材，套在棺外的一种"箱"式结构。椁的起源很早，通常用原木搭建，至少在商代便已普遍使用。隋唐两代，许多贵族用石材雕刻成椁来安放棺材，以显尊贵。石屋则是棺椁之外的建筑，其外观与人世间的建筑类似，梁枋瓦当，甚至斗拱，无一不全。有的石屋四面刻上人物图案，高大肃穆。

六个"印痕"的发现，不仅说明西高穴二号墓有石葬具，而且确认了安放石葬具的位置；确认了石葬具的位置后，棺木的位置也随之确认：原本棺木正是安放在后室正中的。后室前部的有机质堆积，或许就是被反复破坏的棺木腐烂之后留下的，而这具棺木，无论用材还是尺寸，规格应该高于侧室中的两具棺木。

这一判断，也得到墓室中出土棺钉的支持。

考古队在清理墓室内被扰动过的淤土时，发现了两种不同规格的铁棺钉，较大的一种长达20余厘米，短的有10余厘米。这种长逾20厘米的棺钉应该是后室中墓主人的棺木所用，说明棺木板材的厚度远远超过20厘米，比两边侧室中所发现的棺木厚得多。

第三节　随葬文物的数量与种类

二号墓的发掘告一段落。总共发现了多少文物呢？

2016年出版的发掘报告《曹操高陵》记录了主要随葬品的出土情况[1]：

2009年9月4日，在靠近墓门的墓道下部，清理出铁铲1件。

9月22日，在墓室内的上部扰土中先出土虎雕1个，随后出土铁剑残块、鎏金盖弓帽、铜泡钉、铁镞、铁带扣、银饰、铁刻刀、骨器、云母片和漆木器。

10月9日，在后室上部扰土中，出土五铢钱1枚。

10月12日，在前室靠近门道发现男性头骨一枚，面部有残缺。

10月14日，在甬道出土圭形石牌上部残块1块，上面带有"……常所用……"文字。同日，在前室内的上部扰土中，出土铜盏、铁镞、残马衔、剪轮五铢各1件。在前室北侧室内上部扰土

---

[1]. 河南省文物考古研究院编著：《曹操高陵》，中国社会科学出版社，2016年。

中，出土有圭形石牌下部残块，刻字内容"……用挌虎大戟"等字，同时出土的还有鎏金盖弓帽、铁镞各1枚。

10月15日，在前室北侧内上部扰土中，出土有银环、铜环、五铢钱、银铺首衔环、石质箱饰、铜泡钉、铜饰等。

10月17日，在前室南侧室内的上部扰土中，出土有金簧1个，骨簪数根、铜泡钉若干和1个陶砚。在前室上部扰土中，清理出铁质铠甲片64处、画像石残块若干。前室北侧室上部扰土中，出土有铜带扣、铜泡钉、云母片、铁镞、人骨和陶鼎残块等。

10月21日，在后室扰土中，出土了1块带有残"魏"字的石牌和部分金丝。

10月23日，在后室扰土中，出土金纽扣1枚。

10月26日，在后室南侧室上部扰土中，出土残石璧1块、铁帐构件1个、画像石残块若干。

10月27日，在后室南侧室扰土中，出土刻有"木墨行清"完整六边形石牌1块。同日，在后室南侧室扰土中，出土刻有"香囊卅双"和"绒二幅一"完整六边形石牌2块、银铺首衔环1个、铜泡钉和铜饰若干。

10月30日，在后室北侧室扰土中，出土铜栓1枚、铜泡钉、棺钉若干。在后室南侧室扰土中，出土铁钉、铁衔环、画像石、人的残骨、铜泡钉等。同时出土的还有"白练单裙一""八坟机一、木墨敛二合"六边形石牌2块和圭形石牌残块2块。

11月1日，在后室北侧室内的扰土下部，出土多枚铜泡钉。

在前室南侧室，出土铁带扣、云母片、彩绘漆器残片。在前室北侧室扰土下层，出土"……用挌虎短矛"圭形石牌1块。

11月4日，在前室扰土中，出土黑色玛瑙珠1颗，铠甲片71片和人骨残块若干。

11月8日，在前室扰土中，出土圭形石牌残块2块，其中一块残牌上有"魏武王常所用挌虎……"铭文。

11月9日，在前室扰土中，出土骨尺残块。

11月11日，在前室下部淤土中，出土铠甲90片、画像石残块、云母片和人骨残块若干，并出有金丝7根、叶状银箔饰、铜柄各1个。小玛瑙珠、骨簪若干。

11月23日，在前室下部淤土中，出土铠甲片23片、铜泡钉4个、玛瑙珠3颗、圭形石牌残块2块，其中一块上刻"……挌虎短矛"。

11月24日，在前室下部淤土中，出土完整玛瑙饼1块。

12月4日，在后室扰土中，出土六边形石牌1块，上刻"镜台一"。

12月6日，在后室扰土中，出土玉璧残块1块、石圭的下部残块1块。

12月7日，在后室扰土中，出土铜印1方。

12月10日，在后室扰土中，出土铜泡钉4个、铜质伞帽1个，圭形石牌残块1块，上刻"常所用"。

12月12日，在前室南侧室淤土中，出土陶俑2个。在后室扰土下层，出土大量人骨残块和两枚女性头骨。

12月14日，在后室淤土中，出土"墨画衣枷一"完整六边形石牌1块。

12月15日，在后室淤土中，出土"紫绡披衫、黄绡袆一""沐具一具"完整六边形石牌2块，穿孔珍珠1颗、铁镜1面。在南侧室，出土"勋二绛绯"完整六边形石牌1块。

12月16日，在后室淤土中，出土铜铺首衔环1个和大量骨簪。

12月19日，在后室南侧室靠近甬道下部的淤土中，出土六边形石牌21块。刻铭内容分别为"五尺漆薄机（几）一、食单一""文锴母一""漆唾壶一""白缣画卤薄、游观、食厨各一具""轩杆一""樗蒲床一""绛白复裙二""白练单衫二""紫臂褠一具""竹簪五千枚""墨画零状荐苹蒻簟一具""黄蜜金廿饼、白蜜银廿饼、亿巳钱五万""镂菜箧一""渠枕一""黄豆二升、木軑机一""刀尺一具""墨表赤里书水碗一""胡粉二斤""长命绮複衫、丹纹袆一""紫绮大□一、刺補自副""木绳叉一"。另外，出土玉珠1颗、铜泡钉1枚。

12月21日，在后室南侧室靠近甬道的下部淤土中，出土六边形石牌18块，刻铭内容分别为"广四尺、长五尺绛绢升帐一具、构自副""壁四""三尺五寸两叶画屏风一""丹绡襜襦一""绛文複袴一""冒一""文藻豆囊一具""白练袜一量""□□□一""绛枑文绮四幅被一""竹翣一""书案一""一尺五寸两叶绛镘屏风一""丹文直领一、白绮裙自副""绛疏披一""黄绮披丹绮缘一""黄绫袍锦领袖一""玄三早绯"。同时出土的文物还有石圭的

西高穴二号墓出土的部分六边形石牌（潘伟斌供图）

上部、铁质帐架构、三珠钗1件和大量陶器残块。

12月25日至26日，在后室南侧室和北侧室下部淤土中，分别发现木棺残痕。在后室底部靠近西部的铺地石上，发现六个方形凿痕，判断它们是用来标示石葬具位置的记号。

2010年1月7日，在后室南侧室下部淤土中，出土铁质帐架构残块若干，完整六边形石牌3块，内容为"墨饼一""辒车上广四尺长一丈三尺五寸漆升帐构一具""绒手巾一"。

1月31日，在后室下部淤土中，出土完整六边形石牌1块，刻铭为"墨廉薑函一"。

5月11日，在前室西北角的一块淤土的下部，清理出铜泡钉、鎏金盖弓帽、陶支架各1个，瓷器残片2片和一些漆木器残片。

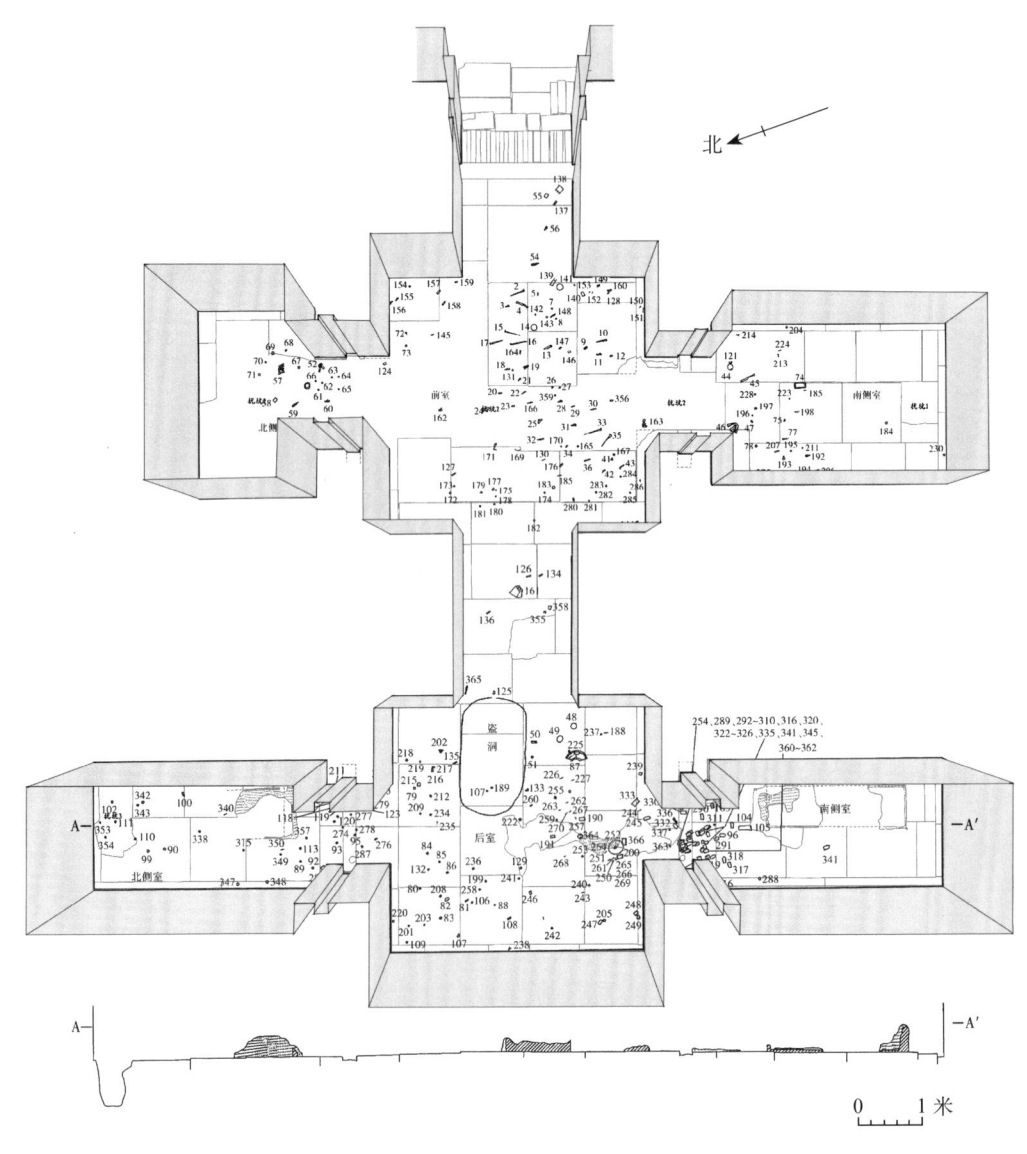

西高穴二号墓出土文物分布（刘子彧据《曹操高陵》平面图改绘）

6月12日，在前室淤土中，清理出铁质铠甲8片，小玉珠2颗，圭形石牌残块1块，上面刻有"常所用长犀盾"。

9月23日，在前室北侧室的门道下部扰土中，清理出铜泡钉1枚、铜环2个，圭形石牌2块。其中一块铭"魏武王常所……"，另一块铭"……用挌虎短矛"。中有少许云母片、漆皮和陶器残片。

9月24日，在前室北侧室盗洞口部的扰土中，清理出铁钉3枚，锈蚀铁器2件和人的肋骨，以及漆皮残片、陶器残片。

9月26日，在后室南部靠近南侧室门口和后甬道的西部，分别发现两处木制家具残存，其中靠近后室南侧室墓门的漆木器因为叠压在铁镜之下，呈长条状，推测可能是石牌中记载的镜台；后甬道西部那处漆木器，仅剩局部，原器已难辨认，但从其残存的保存相对完整的一角看，可能是书案或屏风之类的家具。

文物的计数，并不是件简单的事。最终的数量，必须等全部发掘结束完成、研究整理工作完成之后才能掌握。举个例子，墓内出土的铁铠甲，出土时散片达数百件，散落严重。究竟是1副甲？还是2副甲？要研究以后才能有结论。而铠甲又是由甲片穿缀而成，甲片的清点，需要技术处理之后才能进行。再如，有的文物出土时已经破碎成数块，分布在墓室内不同部位，发掘现场是按不同个体编号和登记造册的，只有等发掘工作结束后通过整理修复才能确认准确的个体数。

发掘过程中，二号墓内登记在册的劫余文物不下400件（套），其中出土时比较完整、无需修复的文物有250件（套）左右，如果加上陶器、铁器和独立存在的画像石（数千残块不计在内），经过数年整理、分离、修复，现有编号文物已达1 000余件。

文物的类别，以材质分，包括有金、银、铜、铁、玉、石、骨、陶、漆、云母、煤精石等。

金饰件

银环

铜铺首衔环

铁箭镞

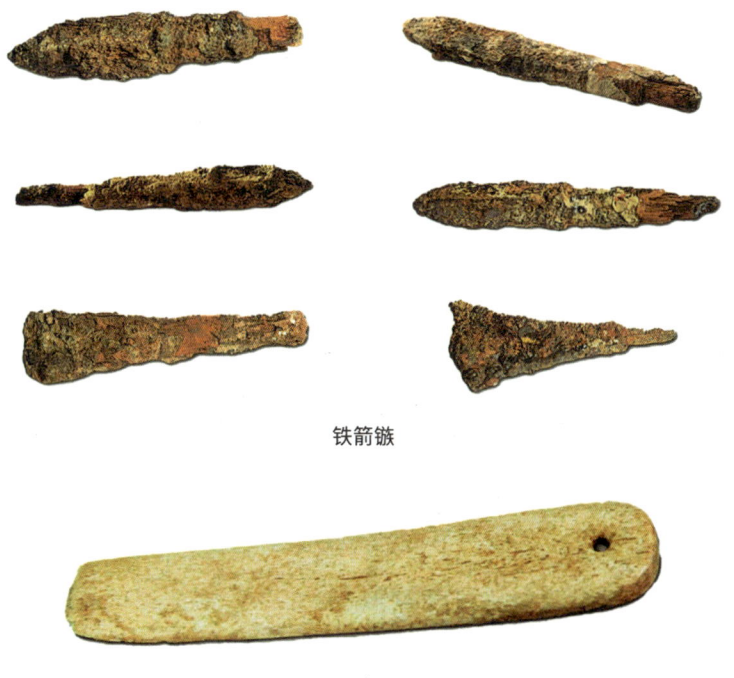

骨板

金银类文物有：金丝、金扣、金环、银带扣、银饰件、银环。

铜质文物有：铜带钩、带扣、铜环、铜泡钉、铜钱。铜钱为"五铢"钱，还有1枚剪轮五铢。

铁质文物有：铁铠甲（已锈结）、铁剑、铁杵、铁弩、铁矛、铁戟、铁刀、铁镜、铁帐构，以及成束的铁箭头和两种不同规格的铁棺钉。其中，铁镜直径达21厘米，令人印象深刻。

玉质文物（包括玛瑙、水晶）有：玉佩、玉珠、玛瑙饼、水晶珠、玛瑙珠。

石质文物有：石璧、石枕、石圭、石弩机、刻字石牌、画像石块。其中，石圭宽7.4厘米、长28.9厘米。

西高穴二号墓中出土的画像石及漆木器

石璧出土时的情景

陶器出土时的情景

铁镜和陶器出土时的情景

骨质文物：骨尺、骨簪。

陶瓷文物有：陶砚、陶豆、陶灶、耳杯、盘、壶、托盘、盆、陶俑、釉陶罐、器形不明的瓷片。

漆木质文物：漆器。

其他：煤精石雕成的小老虎、云母片。

上述随葬品中，最被关注的是刻字石牌。这些石牌共 66 块。除 1 块形制不明，其余 65 块可分为 A、B 两类。

A 类：共 10 块。呈一端尖锐一端平直的圭形，体形略显瘦长。上面所刻文字说明器物主人、器物名称，但不言数量。例如 2 块"魏武王常用挌虎大戟"、2 块"魏武王常用挌虎短矛"等。

B 类：共 55 块。六边形，长 8.3 厘米，宽 4.75 厘米，厚 0.7 厘米，上部中间有穿孔。所刻文字不仅言明物品名称，通常也言明物品数量，但绝不涉及物品主人。每块 B 类牌，内容大都不相同，例如"八寸机一""百辟刀""香囊卅双""胡粉二斤""刀尺一具""木墨行清""白练单裙""黄豆二升""绒二幅一"等。

除上述随葬品外，还有一部分特殊的"文物"。罗列如下：

1. 木棺三具：后室的南、北侧室各出一具，后室（主室）也有一具。

2. 三个人骨个体。

3. 建墓室的砖：砖长 0.5 米，宽 0.25 米，厚 0.125 米，素面磨光。

4. 铺地石。

5. 画像石残块数千块。

由于历经盗扰，三具棺木均已被破坏。后室作为主室，仅存石葬具的痕迹，两边侧室内虽有木棺，但只剩痕迹，还有各种散落的棺钉、棺饰。三个人的遗骨更是散乱在墓室各处，相互混杂在一起，需要体质人类学专家辨认、分离。

所有文物中，如果简单"记件"，以画像石残块和墓砖的残块数量最大。画像石部分出土于墓室，部分则以碎块形式填埋于墓室上面的填土。

墓室内的画像石内容丰富，雕刻娴熟，题材有"神兽""七女复仇"等，有的刻有文字，如"主簿车""咸阳令""纪梁""侍郎""宋王车""文王十子""饮酒人"等。另外一部分残块明显制成瓦当形制，可能是石屋或石椁的残块。

填土中的画像石碎块和墓砖碎块，可能是筑墓过程中加工材料的废料。

随葬品的位置，与墓室中各个主室或侧室的解释密切相关。

后室是主棺所在且有石葬具痕迹，可能建有石屋，犹如墓主人的"寝室"所在。

后室的南北两个侧室中安放有棺材，虽有随葬品，也是附属之物。如南侧室发现的铁帷帐构，当为棺木之外的帷帐的"零件"。

前室属于"前堂"性质，刻有"魏武王常所用挌虎大戟"等圭形石牌均出土于这里，而且前室还发现有鎏金盖弓帽，推测应该随葬有车辆。因此，前室犹如墓主人生前的厅堂。

前室的南侧室可能与庖厨有关；前室的北侧室采用"四角攒尖"顶，虽然室内发现物品不明，或与礼仪有关。

第三章

何以是曹操

第一节　考古现场的"死亡密码"

有人说，考古人只爱喝酒，不爱读书；有人说，考古人不是不爱读书，而是只读"地书"。这些说法既不全错，也不全对。关键在于考古人什么时候读书，读什么书和怎么读书。

墓室打开，考古人便与两个问题撞个正着：什么时候的墓？墓主是谁？

千万别以为急于找答案的考古队员会像电影里一样匆匆跑向图书馆查资料。倘若挖开墓葬后考古队员忙着翻书，那么一定不会是个好的考古人。老练的考古人是不会在这个时候去图书馆的，因为他要完成一个基本动作：基于纯粹的墓内资料，整理出一份与墓葬年代或墓主相关的信息清单。

西高穴二号墓的科研流程也不例外。要了解年代与墓主，首先要读懂墓葬内的"死亡密码"。这是因为，墓葬本身的信息，才是解决墓葬年代和墓主身份的"内证"。

密码1：下葬年代

断代，是"判断年代"的简称。断代的方法多种多样。墓葬结构、建筑材料、陶器形制、瓷器釉色、铜器工艺都可以断代；必要并且条件允许时，还可以对部分样品进行碳十四测年或热释光测年。当然，最具断代价值的是出土文物中的文字信息——如果墓葬中出土了带字文物的话。

死者的葬法，历代并不相同。主要表现在墓葬平面形状和建造结构的差别。西高穴二号墓是"多墓室砖墓",已经发现的东汉诸侯王一级的墓葬,大都是多墓室砖墓。

河北定县(今定州市)北陵头43号墓是与西高穴二号墓形制最为接近的东汉诸侯王墓。该墓由墓道、甬道、前室、前室的左右侧室、甬道、后室、并列于尾部的双后侧室组成。该墓早年被盗,残存的随葬品有银缕玉衣、铜缕玉衣各1套,又有少量金银饰品和玉器。发掘者据《后汉书·中山简王焉传》推定墓主为汉灵帝熹平三年(174)去世的中山穆王刘畅夫妇墓[1]。

西高穴二号墓与河北定县北陵头43号墓形制接近。都是前、后室外加前、后室的双侧室。但西高穴二号墓的前室更为宽敞,后室也更开阔,且后室的双侧室是左右排列,显示出更高的规格。这似乎在传递一个信息:西高穴大墓的年代接近公元174年死去的刘畅夫妇墓,但可能地位比诸侯王刘畅还要高。

另外一座与西高穴二号墓形制接近的东汉墓是睢宁刘楼墓[2]。

刘楼墓也是一座诸侯王墓。该墓也是前、后两室。前室与两个侧室连成一体,后室十分宽敞,明显是主室;后室的尾部有一个侧室。该墓存有银缕玉衣和铜缕玉衣的残片,墓内发现1具6岁左右孩子的遗骨,中室的壁砖上有石灰写的"司空"二字,发掘者推测墓主人可能是诸侯王。西高穴二号墓比刘楼墓的形制略显复杂。

---

1. 李银德:《两汉诸侯王墓》,载邹厚本主编:《江苏考古五十年》,南京出版社,2000年,第233—234页。又杨爱国:《东汉诸侯王丧葬礼俗初步分析》,载北京大葆台西汉墓博物馆编:《汉代文明国际学术研讨会论文集》,北京燕山出版社,2009年。
2. 睢文,南波:《江苏睢宁县刘楼东汉墓清理简报》,《文物资料丛刊》第4辑,文物出版社,1981年。

西高穴二号墓的形制和规模与现今已发现的东吴和曹魏时期王一级的墓葬也有相似之处。

2005年，考古学家在南京江宁区上坊镇发现一座孙吴时期的墓葬[3]。该墓的形制与西高穴二号墓相似，同为土坑竖穴砖室结构，带斜坡墓道。但上坊东吴墓的地面堆有封土，墓道朝南，陡而较短，仅有10米，宽也只有4.3米。墓室长20.16米、宽10.71米。该墓由封门墙、石门、长甬道、前室、过道及后室构成。前、后室两侧均有对称侧室，后室后壁还有两个大壁龛。墓葬的前、后室均为穹隆顶结构，甬道、过道及四个侧室为券顶结构。这种结构，与西高穴二号墓有诸多相似，显示二者年代相若。

上坊孙吴墓是迄今发现的数以百计的孙吴墓葬中，规模最大，结构最复杂的一座。墓内随葬品丰富，包括"五铢""太平百钱""直百五铢""大泉当千"等。发掘者推测墓葬为东吴晚期，墓主或为孙吴宗室。

较上述数墓年代略晚，但仍可与西高穴二号墓加以比较的是洛阳曹魏正始八年（247）墓。该墓由墓道、甬道、墓室、侧室组成。其斜坡墓道长23米，墓室用砖砌，前室为四面结顶的方形，后室为弧顶长方形，此墓虽被盗，仍然出土较多随葬品，种类以陶器为主，另有铜器、铁器、玉器。随葬品以带"正始八年八月"铭文的铁帷帐架而闻名[4]。

---

3. 王志高等：《南京江宁上坊孙吴墓发掘简报》，《文物》，2008年第12期。
4. 洛阳市文物工作队：《洛阳曹魏正始八年墓发掘报告》，《考古》，1989年第4期。

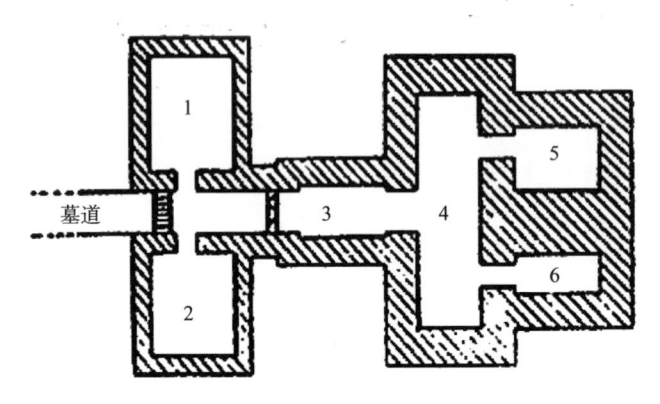

河北定县北陵头 43 号墓

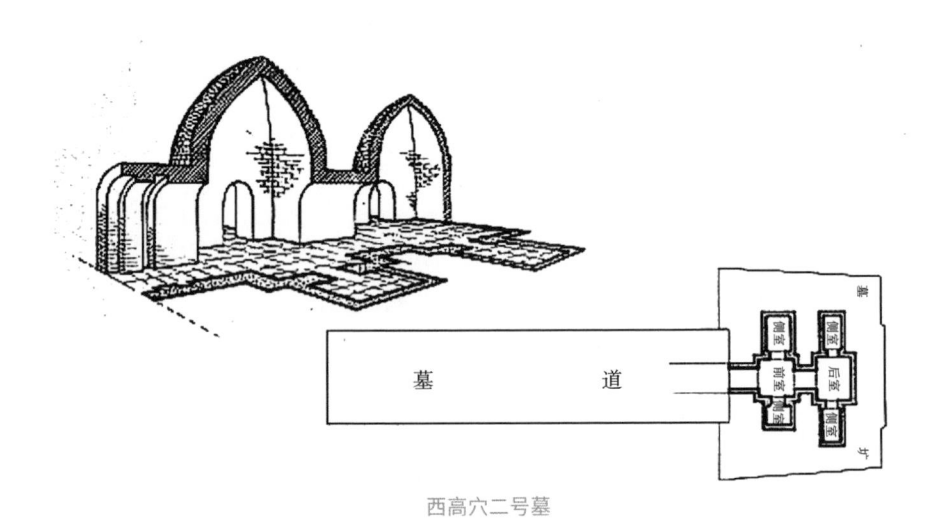

西高穴二号墓

西高穴二号墓与东汉—曹魏时期贵族墓形制比较
（引自河南省文物考古研究所编著《曹操墓真相》，科学出版社，2010 年）

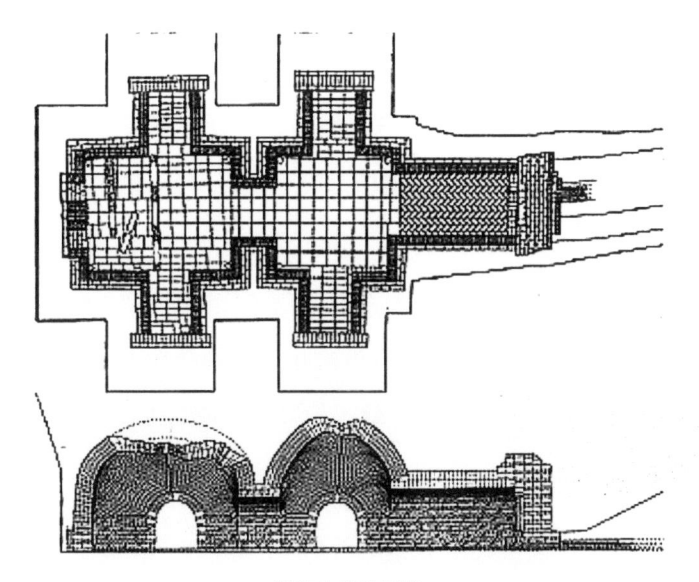

南京上坊孙吴墓

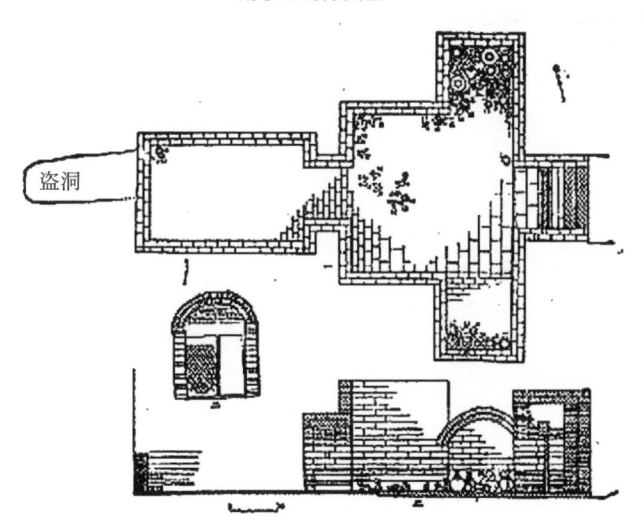

盗洞

出土有"正始八年"铭文铁帐构的洛阳曹魏墓

西高穴二号墓与上述东汉、三国（孙吴）、曹魏墓葬比较，形制更接近定县北陵头的东汉末年刘畅墓和南京上坊孙吴墓。因此西高穴墓的年代应更接近此二墓的年代，大致年代应在汉灵帝熹平三年（174）的刘畅墓之后不久。

西高穴二号墓出土的文物，也显示出明显的东汉末期特征。

戟是东汉末年和三国时代军中主要的格斗兵器。戟的使用以"对"为常例，如吕布营门射戟的故事，曹魏将军典韦的武器就是"双戟"。西高穴大墓中所出的戟，正好是"成对出现"。

东汉末年又是大刀代替长剑的时代，到了三国时代，军队实用兵器中的大刀完全取代了长剑。东汉时代由过去的"佩剑"，发

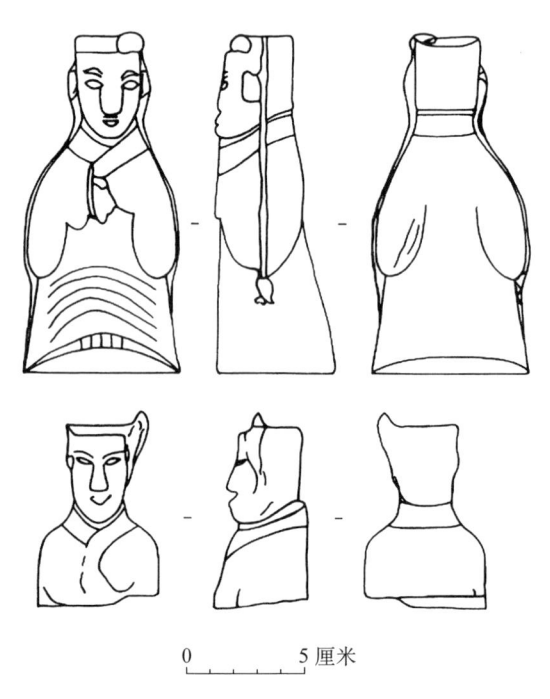

西高穴二号墓出土人物陶俑

展为同时出现"佩刀",《后汉书·舆服志》载:"佩刀,乘舆黄金……诸侯王黄金错。"这说明西高穴二号墓的时代可能是东汉末年。

墓中还出土人物陶俑2件,出土于墓葬前室的南侧室底部。虽然高度分别只有14.5厘米和8.5厘米,但穿戴塑造得很清晰:戴平巾帻,穿交领深衣,脸形稍胖,同样是典型的东汉俑造型。

此外,二号墓中出土大量画像石残块,画像石中人物的服饰特征属汉魏时期,内容题材则不晚于东汉。

西高穴二号墓出土铁帐构

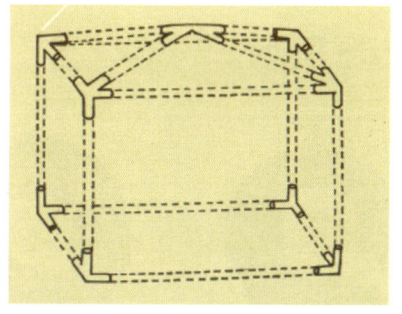

铁帐构复原示意图
(引自张剑,余扶危《洛阳曹魏正始八年墓发掘报告》,《考古》,1989年第4期)

墓葬后室的侧室中出土有铁质帷帐架。使用帐构,是东汉末年至魏晋时期的习俗。洛阳一座曹魏正始八年(247)的墓葬中,即出土有几乎相同的铁帐构。铁镜也表现出东汉晚期至魏晋的时代特征。

在考古学科中,陶瓷器被称为断代的"时间卡尺"。西高穴二号墓出土的所有陶瓷器,都是东汉末年的"流行款式"。

西高穴二号墓中出土的白瓷罐和酱釉罐

墓葬中出土的4枚"五铢钱"也是东汉钱,其中1枚是东汉晚期最为常见的"剪轮五铢"。钱币数量虽然发现不多,但都将墓葬的年代指向了东汉晚期。

西高穴二号墓出土的"五铢"和"剪轮五铢"

除了器物之外,文字也有断代意义。二号墓内出土的诸多刻字石牌,字体是典型的汉末隶书形式,与东汉末年《熹平石经》的字体非常接近。

墓葬中一些石牌上"魏武王"三字中的"魏"字,在下面加了一个"山"字,这是秦汉时期的写法。魏晋以后,此种写法开始变化,"山"字开始移到魏字的上部。北朝以后的"魏"字,

睡虎地秦简　　马王堆帛书　　衡方碑
　　　　　　　　　西汉　　　　　东汉

西高穴二号墓石牌

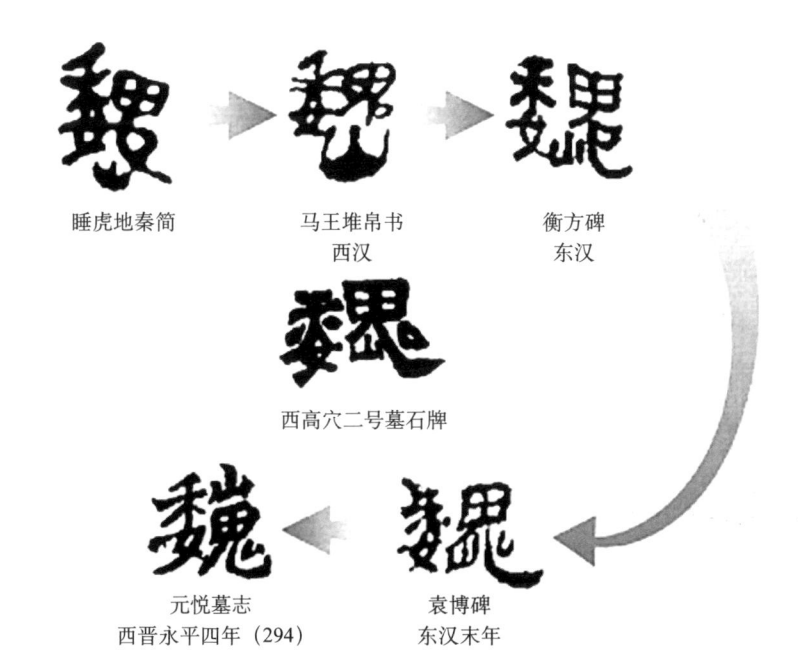

元悦墓志　　　袁博碑
西晋永平四年（294）　东汉末年

西高穴二号墓石牌上的"魏"字与东汉—西晋时期"魏"字结构比较
（引自河南省文物考古研究所编著，《曹操墓真相》，科学出版社，2010年）

"山"字完全从中消失。所以"魏"字的结构，表明西高穴二号墓不会晚于魏晋，更可能是东汉末期的。

文字的内容同样显示该墓的年代应在汉魏之间。石牌中有1块刻有"木墨行清"四字，字体和内容本身都有年代意义。

所谓"木墨行清"，是东汉末至魏晋时期人们对厕所或便器的称呼。木墨是对厕所或便器材质的描述，行清指受便器。有人认为，"木墨行清"，指用香椿木制成的便器，可备一说，或许"木墨"指木炭也未可知。在中国历史上，只有东汉末年至魏晋这个很短暂的时间内将厕所或便器称为"木墨行清"。所以该墓的年代，只能在这一时期内。

墓室内出土的刻字石牌中，还有"百辟刀""白练单裙""香囊"等，都是东汉人使用过的物品名称。

西汉时期，中国的冶铁技术取得了长足进步。其代表性成就之一，便是炒铁的发明。炒铁是一种将生铁在空气中脱碳的技术。脱碳之后，铁的韧性增加，可以锻打。到了东汉，利用可锻打的铁反复锤炼打造器物，发展出一种特殊工艺。东汉后期，工匠们热衷以反复锤锻的办法打制刀具，称为"百炼刀"。1974年，山东苍山县（今山东临沂兰陵县）文化馆在该县下庄乡纸坊村清理出1把铁刀，刀长111.5厘米、刀身宽3厘米，全器造型别致、花纹秀丽流畅。经鉴定，其金相组织均匀，刃部经过淬火。上面刻有"永初"的年号和"卅炼"等字样，是东汉永初六年（112）打造的1柄百炼钢刀。东汉的百炼钢工艺，甚至传到日本。1964年，日本也出土过1柄百炼刀。东汉末年，百炼刀也被称为"百辟刀"。西高穴二号墓文物中发现有"百辟刀"三字，是将该墓年代定在东汉末年的另一重要证据。

"白练单裙"所记的是随葬品中的衣物，或称葬服。

细加区分，葬服分从葬之服与殓葬之服。从葬之服用于窆入椁中，殓葬之服用于包裹尸体[5]。汉代葬服有上衣下裳之分，有禅（单）衣複（复）衣之别，有长衣短衣之异。

《释名·释衣服》："有里曰複，无里曰禅"。

"白练单裙"四字，"白"指颜色，"练"是材质；"单"通

---

5. 郑曙斌：《汉墓简牍记载的葬服研究》，《湖南省博物馆馆刊》第五辑，岳麓书社，2009年。

"禅";"裙"指人的下身着装。

汉墓中以简牍记录葬服的例子不少。如湖南长沙马王堆三号汉墓，湖北江陵凤凰山八号汉墓等。简牍所记衣物种类，上衣有禅衣、複衣、袷衣、袍、襦（常见）、袭衣；下裳有便常、绔、裙、纵之名。

马王堆一号墓包裹尸体共用绵衾4件，绵袍4件，丝质单衣6件、麻布单衣1件，麻布单被和包裹2件，情况不明者3件，共20件（层），而从葬之服有袍、禅衣等。所以"白练单裙"，也指向墓主人属于汉代。

综合分析各种因素，西高穴二号墓的年代可判定为东汉末年。即是说，墓主人是东汉末年"入土为安"的。

密码2：头骨的秘密

墓室中共出土了三枚头骨，代表三个个体。曾有网友推测说，他们可能是"盗墓时失手死于墓中"的盗墓者遗骸，当然这只能看成笑谈。因为这一推测完全不符合墓葬后室有两个侧室的结构特征，更忽略了墓葬中还有三具朽没入泥的棺材的事实。后室的两个侧室各有一棺，可证此墓原本就葬入了三人。

既然是三人，那谁会是墓主呢？

经中国社会科学院考古研究所体质人类学专家对三个人头骨的年龄和性别进行鉴定，其结果为：

男子：首次年龄鉴定为60岁左右，再次鉴定结果为60岁以上。墓葬中那块刻有"胡粉二斤"的石牌，多少透露了这位男子的年龄秘密。东汉时期，胡粉是老年人用来涂面的。

女子A（3号头骨）：首次鉴定年龄50岁，再次鉴定年龄不低于50岁。

女子B（2号头骨）：首次鉴定年龄20—25岁，再次鉴定年龄仍然是20—25岁。

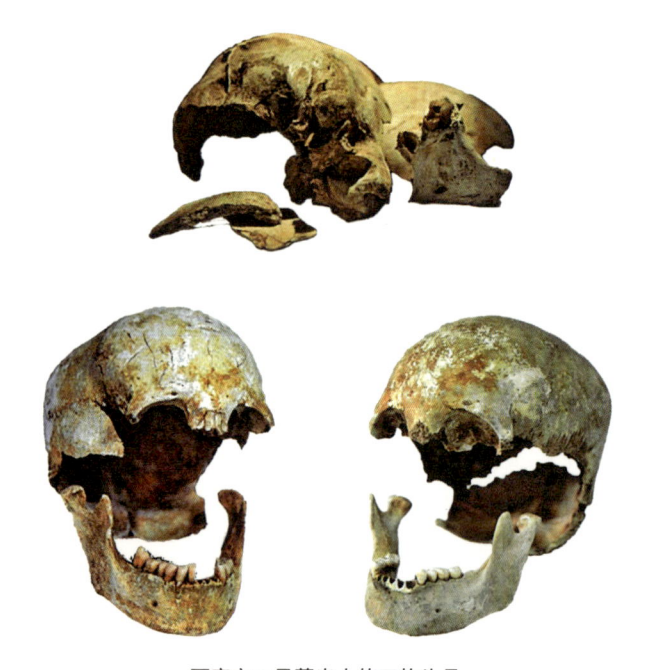

西高穴二号墓出土的三枚头骨

由此可知：年龄60岁以上的男子为墓主的可能性较大。

男子应为墓主，还有另外一条"坚如磐石"的证据。

我们先回忆一下三个头骨的出土情况。

男子头骨：出自前室的前部。发现时独立存在，附近没有其他骨头与之相连，而且头骨并不是正方向安放，面部也朝向了一侧，很像是被随意丢弃于此的。

女子A：出土时更靠近后室的南侧室。发掘后期，此侧室内清理出的一具棺木竖向放置。棺木可能略有移位，上部早已朽没。侧室内发现铁质帐构架1件，并有其他锈蚀铁渣出土。

女子B：出土位置更靠近后室的北侧室。发现时附近有碎骨。发掘后期，此侧室中同样清理出竖向放置的棺木一具，棺木早朽。

由此可知，女子A和女子B分别安置在后室的两个侧室之中。

男子头骨发现于前室前部，但迄今发现的所有汉魏古墓，从未见有将死者安置于前室前部的。考虑到头骨出土时的状况，可以排除"前室安置"的可能性。

按通常的规律，主棺应该放在后室后部的正中，但西高穴大墓的后室并未见到棺木。男子尸骨被移位前会不会就在后室的正中呢？

后室中部铺地石上的印痕最终确认了是棺床。至少有三方面证据可以证明西高穴大墓的墓主下葬时是用了石质棺床的。一是墓内后室地面的六个方形印痕，二是墓内出土的石瓦当和建筑构件残块，三是魏晋时期的墓葬中已多次发现过石质棺床。2005年，南水北调考古队在距西高穴大墓不远的安丰乡固岸村就曾发现过东魏武定六年（548）的石棺床。此墓虽然略晚于西高穴大墓的下葬之年，但棺床保存完整，而且棺床前侧雕刻有状如屋脊的围栏，并装饰了2块瓦当。西高穴二号墓中瓦当数量有限，极似棺床上的瓦当饰件，而非复杂建筑的完整构件。石质棺床置于后室，其上安顿棺木，应是当时后室的真实场景。

棺床的存在，证明男性头骨的"原位"应在后室，也即主室，同时证明他的地位高于另外两具棺木中的女子。因而这名60岁以上的老年男性，除了解释为墓主，别无其他的可能。

墓葬随葬品以男性用品为主。包括"魏武王常所用"的各种物品，以及墓中出土的铁铠甲、铁剑等，因此墓主应是男性。

密码3：死去的是帝王

考古学有一套专门分析墓葬的方法论。学者们通过调查100多个现生民族的例子，发现最能反映墓葬主人身份的因素是墓葬的规模和形制。

西高穴二号墓是目前考古发现的规模最大的东汉或曹魏时期墓葬。总面积达740平方米，墓道的宽度9.8米，墓室墙壁极厚。墓室采用前、后室布局，前、后室又都带双侧室结构。墓葬前室、后室和前室的北侧室采用"四角攒尖"顶。在东汉墓中，这种结构此前只有诸侯王一级大墓使用。

墓室所用建筑材料，都是东汉末年的最高等级、最高规格。垒砌墓壁所用的条砖，长0.5米、宽0.25米。铺地石长0.95米、宽0.9米、厚0.2米，非常规整，是迄今所见规格最高的铺地砖。

随葬品内容也反映出墓主人的地位。

墓室中发现的三枚人头骨，表明入葬了三名死者。位于主室（后室）的死者使用了石葬具；陪葬在主室的两个侧室中的两枚女性头骨应属于墓主的陪葬人。

墓内石圭宽7.4厘米、高28.9厘米。汉成帝延陵陵园南司马门遗址和汉昭帝平陵陵园遗址均出土过石圭，但通常只有10厘米甚至更短。西高穴二号墓出土的石圭长达28厘米，肯定是帝王级用品。

与石圭伴出的，还有石璧，直径达28厘米。圭、璧伴出配套使用，是帝王陵的突出特征。

直径21厘米的铁镜是迄今为止发现的最大件的东汉铁镜之一，也反映了墓主人的地位[6]。

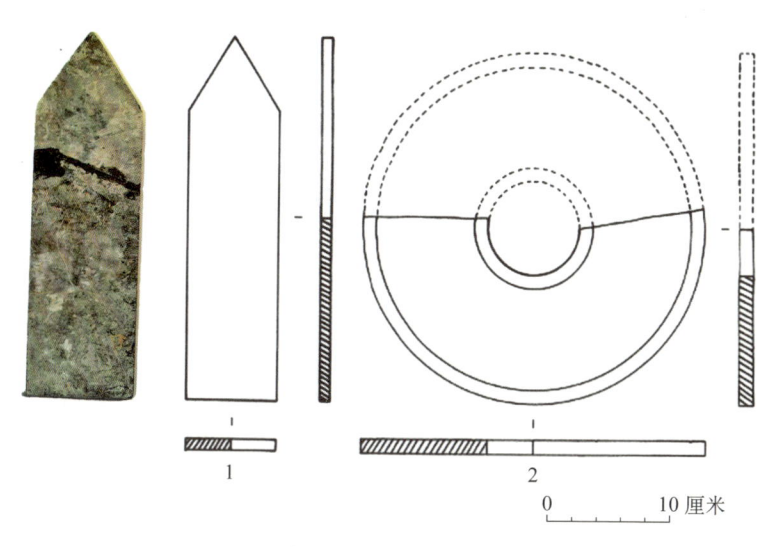

西高穴二号墓出土的圭和璧

墓地的建筑遗迹，特别是有规律分布的柱洞反映出墓葬曾经有陵园阁殿。生前死后的高贵，尽显其中。

---

6. 白云翔：《安阳西高穴大墓是否为曹操高陵之争的考古学思考》，《光明日报》，2010年1月26日。

discussion 古代墓葬主人的身份，可以采用"比较法"。通过年代相同或相近，并且墓主人身份明确的墓葬，来讨论新发掘墓葬的墓主人身份。

除了前述河北定县北陵头43号墓，1987—1989年发掘的湾漳大墓[7]，对于判定西高穴二号大墓的墓主具有另一方面的参考价值。湾漳大墓虽然年代上晚于西高穴大墓300余年，但地理位置接近。它坐落在河北磁县县城西南2.5千米的滏阳河南岸。该墓同属单墓道大墓，墓道朝南，全长37米，宽度仅3米左右，但两侧绘满壁画。墓室是边长7.5米左右的方形单墓室，顶部采用四角攒尖式结构，内高11.8米。墓底铺有正方形磨光青石。墓室西侧有须弥座石质棺床，长5.83米。经分辨，棺床上有一棺一椁，人骨已朽。若以湾漳大墓与西高穴大墓比较，在墓道宽度、墓室结构等方面，西高穴大墓的规格明显高于湾漳墓。据学者们分析，湾漳大墓的

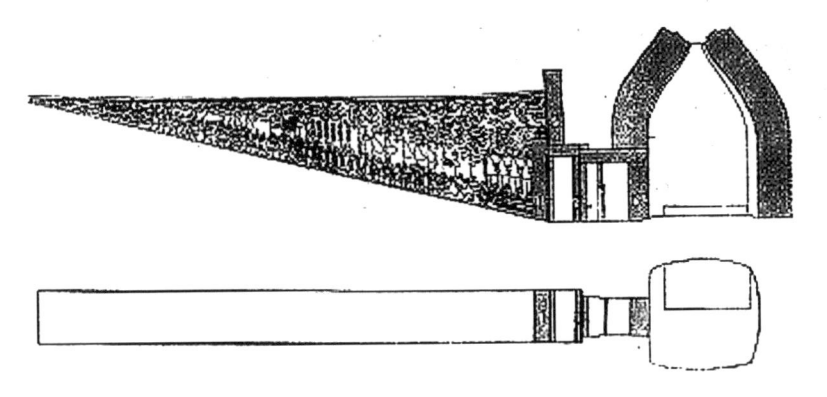

北朝湾漳墓
(引自河南省文物考古研究所编著《曹操墓真相》，科学出版社，2010年)

---

7. 中国社会科学院考古研究所，河北省文物研究所编著：《磁县湾漳北朝壁画墓》，科学出版社，2003年。

主人可能是公元550—559年在位的北齐皇帝高洋。因此,西高穴大墓的墓主也应是帝王级别。

密码4:圭形牌上的"魏武王"

西高穴二号墓出土刻写文字的石牌共66块,除六边形石牌外,还有10块一端尖锐一端平直的圭形石牌。此种石牌多有残损,完整的1块上刻"魏武王常所用挌虎大戟"、残损的刻写有残存的"魏武王""常所用",或者"魏"字。

"魏武王"的称谓,魏系封地,武为谥号,王指封爵。翻译成现代汉语,可解释为:封邑在魏、谥号武的王侯。

"常所用"也是三个字,反复见于其他石牌,理解为"经常使用的"或者"曾经使用的"应该都可以。

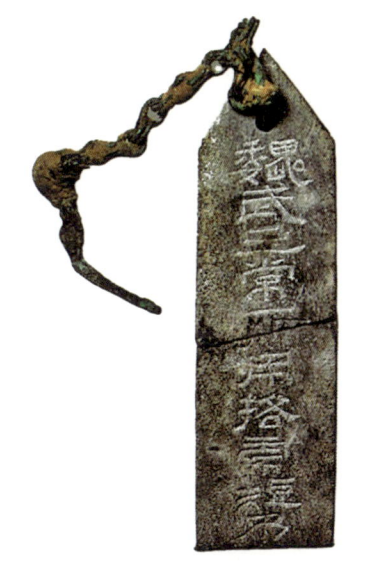

西高穴二号墓出土"魏武王常所用"石牌

这批刻字石牌所提到的"魏武王"不会是别人，应该就是墓主。

"魏武王"三字并非单独出现，这里与随葬器物相关联。随葬器物显然应该理解成墓主人所有，因此"魏武王"三字显然也是指墓主。

因此西高穴二号墓的墓主人，死的时候是"魏武王"身份。这是有关墓主人身份的一条非常重要的信息。

密码 5：文武兼备的墓主人

考古学对古代墓葬的研究总结出许多规律。其中一个规律是：墓葬的随葬品往往能够反映墓主人生前的某些经历。

安阳的商后期都邑殷墟迄今已发掘墓葬 15 000 余座。研究者在整理墓葬的过程中做了许多统计。结果表明，墓葬中如果出土陶纺轮，则墓主人通常为女性；墓葬中如果出土青铜戈，则墓主人通常是男性。更有趣的是，如果墓主人生前有过丰富的军事经历，通常会在墓葬中反映出来。妇好墓就是一个例子。

妇好本来是女性，系商王武丁的配偶。1976 年，妇好的墓葬被清理出来。奇怪的是，她的墓葬中出土大量兵器。殷墟的商代墓葬中，女性墓是很少出兵器的。难道作为一介女流的妇好生前参加过战争？经查阅，果然发现殷墟甲骨文中保存了妇好带兵出征的记录。

西高穴二号墓的出土文物，包括大量铁质铠甲、铁刀、铁戟等；散落在墓葬中的石牌，与兵器有关者甚多，其中包括"魏武王常所用挌虎大戟""魏武王常所用挌虎大刀""八寸机一"（可能是

西高穴二号墓出土的铁铠甲、铁刀
（铁铠甲为潘伟斌供图，铁刀引自《曹操高陵》）

弩机）等。由此推之，二号墓的墓主人生前很可能有过军事经历。

古代有身份的人死后，往往根据其生前经历给予谥号，而生前有过军事经历者，常常会以"武"字为谥。

为什么是武？古书上说："刚彊直理曰武。威彊敌德曰武。克定祸乱曰武。刑民克服曰武。"例如生前发兵塞外，派卫青、霍去病饮马阴山的刘彻，其谥号为汉武帝；又如北击金兵、征战一生的岳飞，死后谥号为岳武穆。他们的谥号中都带一个"武"字。

西高穴二号墓中出土至少8块石牌刻有"魏武王"。三个字中的"武"字与所出兵器相映证，印证了墓主人生前的军事生涯。

本来以为墓主曾经是个单纯的"狠角色"，但墓中出土的1方砚台却又呈现出墓主人的另一面。墓葬的随葬品中，有1块六边形石牌上，分明写着"书案一"三个字。考古队在发掘过程中，

西高穴二号墓出土"书案一""墨研一"石牌（潘伟斌供图）

于后室南部的侧室门口发现木质家具痕迹，虽然已经残朽，发掘者推测为书案或屏风一类的家具。书案，显然是读书写字用的。墓葬中发现的六边形石牌中，另有2块分别写有"木墨敛二合"和"墨饼一"，可见此墓的随葬品中，曾经有与书案"配套"的物品埋入。

有了这些物证，可知当年的墓主人定是"能文能武"。

密码6：慰项石

西高穴二号墓的随葬文物中，除了考古队发掘出来的外，还有一部分是公安人员从盗墓分子手中收缴的。收缴文物中有1件石质枕头。

这件枕头长24.6厘米、宽17.3厘米、厚8.4厘米，以蛇纹石磨制而成。枕头分正、反两面，正面有凹槽，三面六向磨出弧形，

收缴文物"魏武王常所用慰项石"

打磨精细;反面平坦,上刻九字:魏武王常所用慰项石。字体是东汉时期流行的"八分体"隶书,时代特征明显。

"魏武王常所用慰项石"虽是收缴文物,但上交者及知情者皆指认其出自西高穴二号墓,众口一词。石枕所使用石材以及上面的字体,与二号墓中所出石牌相同,因此在讨论墓主人身份方面,石枕与其他刻字文物具有同等价值。

"魏武王常所用慰项石"九字,实为三个词组。

"魏武王"是谥号,见于其他多件石牌。如前文所述,指封邑在魏、谥号"武"的王侯。

"常所用"可理解为"经常使用"或者"曾经使用"。

"慰项石"三字是关于石枕功用的解释。"项"指与头部相连的颈项;"石"是石质枕头的代称。"慰项",实为"火慰项",是医学名词,相当于今天的理疗。

"魏武王常所用慰项石"放在一起理解,应是:魏武王曾经用过的理疗头颈的石枕。

由此反向推理，墓主头颈部很可能有某种病症，至少有明显的"不适"。

密码 7：香囊与百辟刀

人类生存着实不易，古人更是艰辛。例如洗浴，是现代人每天必做的"功课"，但受条件限制，古人不可能天天洗澡，掩盖体味实属情理之中。随身携带香料，便是办法之一。随身携香与房间熏香不同，后者需要香炉。河北满城汉墓出土的博山炉，原本就是用于熏香的。西高穴二号墓是否随葬有香炉呢？六边形石牌中没有这一项，但考虑到墓葬被盗，实物和石牌均有可能丢失，我们不能得出该墓没有随葬香炉的结论。

2009 年 10 月 27 日，考古队在发掘过程中，于墓葬后室南侧的扰土中，发现 1 块六边形石牌，上面刻有四字：香囊卅双。此块石牌的存在，证实墓主人生前可能是随身携香的。

西高穴二号墓出土"香囊卅双"石牌

新疆出土的东汉香囊，以华丽的织锦缝制，可见时人对香囊的重视
（引自林锡旦：《中国传统刺绣》，人民美术出版社，2005年）

香囊是古代装填和保存香料的器具，通常是布囊。古人所用布香囊的实物曾发现于气候干燥的新疆。

香囊是墓主人生前生活习性的反映，是判定墓主身份的重要信息。

墓葬中类似香囊这样的可能是墓主人私人物品的文物还有很多。六边形石牌中，有1块刻有"百辟刀"字样，可见随葬品中应该包括"百辟刀"。

考古队曾在前室的前部，发现2柄铁剑和1把铁刀。尽管铁刀锈蚀严重，但不排除是"百辟刀"实物。

密码8：简礼薄葬

西高穴二号墓因其规模宏大，墓形呈"前后墓室各带双侧室"，建筑上采用了"四角攒尖"结构，其规格之高，已达帝王一级。这种级别的墓葬怎样才算是"薄葬"？

厚葬或薄葬是相对而言的。判断一座墓是厚葬还是薄葬，要考虑死者的身份。

两汉时代，社会厚葬成风。

东汉诸侯王级墓葬无一不金玉相随。其中最具财富和身份象征意义的随葬品，是墓主人都穿着"玉衣"。这些"玉衣"以金丝或银丝穿连，又称"金缕玉衣"或"银缕玉衣"。河北定县北陵头中山穆王刘畅夫妇（43号墓）[8]、江苏睢宁刘楼墓，甚至连1955年以来发掘的洛阳四座东汉晚期墓葬[9]，也都有玉衣残片。

西高穴二号墓虽属帝王级别，但墓室周壁以素墙处理，未见壁画，没有"梓宫便房""黄肠题凑"等复杂的墓室、棺椁设施，更没有使用"金缕玉衣"或"银缕玉衣"。出土的玉珮、铜带钩、铁甲、铁剑、玉珠、水晶珠、玛瑙珠等物，都应该是墓主生前的常所用之物。墓葬简化了墓室结构、减少了随葬明器[10]。

最重要的是，西高穴大墓没有设封土，这是"薄葬"最为显著的体现。因此相对死者的身份和墓葬的规格而言，该墓是典型的"薄葬"。

密码9：墓上建筑

古墓挖得多的考古人，必会留下强烈印象：汉朝人造墓，最热衷在地面建夸张的"土木工程"。普遍采取的方式是灵柩入土

---

8. 定县博物馆：《河北定县43号汉墓发掘简报》，《文物》，1973年第11期。
9. 洛阳市文物工作队：《洛阳发掘的四座东汉玉衣墓》，《考古与文物》，1999年第1期。
10. 李梅田：《曹操墓是否薄葬？》，《中国社会科学报》，2010年1月。

后，在地面堆个巨大的坟包。然而东汉末年的西高穴二号墓，几乎可以肯定没有坟包。考古队进驻之前，这里是西高穴村村民的一片麦地。受道德约束和缺少大型机械的制约，豫北冀南平原的耕作者是不会轻易推平坟包的。没有任何证据证明西高穴二号墓所在地曾经有过封土。换句话说，此墓本来就没有堆筑坟包作为地面标志。这在东汉时期算是很不寻常的举措。

没有封土，并不意味着没有地面标志。事实上，考古队清理完西高穴二号墓的墓室之后，又对墓葬所在地的地表进行了"二次发掘"。结果发现此墓的墓室上方及墓道两侧，留有明显的地面建筑遗迹，包括成排分布的柱洞、沿墓道排列的小方坑、磬形坑，以及墓室顶部南北并列的两个直径达 0.5 米的柱洞。

考古队不仅清理了二号墓的墓室和墓道之上的区域，并且扩大范围，对整个二号墓乃至一号墓周边都进行了勘探。结果发现二号墓和一号墓的南、北两侧建有东西向的建筑，又在两道围墙更外围的范围内筑有围墙。要不是西部被西高穴村村民烧砖取土挖毁，几乎可以肯定外围的院墙原本是围绕二号墓和一号墓的陵园外墙。

可以想象，当年人们从东部进入墓园时能够栖身殿堂之内，有广阔而安全的空间让祭拜者从容地给墓主人奉上祭品。

密码 10：墓外之墓

西高穴大墓的发掘次序，是先发掘二号墓，随后清理一号墓。两座墓发掘告一段落，考古队便把精力转移至二号墓的墓上建筑

西高穴二号墓西部的陪葬墓（刘子或据周立刚提供的图重绘）

发掘。与此同时，勘探工作也在陆陆续续展开。2011年，负责勘探的队员突然带来一个好消息，他们在二号墓的西部又发现四座墓葬。四座墓葬两两一组，规模略小，在二号墓的西部分一字排开，与二号墓形成线性关系，表现出它们从属于二号墓的内在联系。

西部的"墓外之墓"两两成组，空间上必有特殊意义。理解这种特殊意义，同样是判定墓主身份的重要线索。

第二节　文献里的证据关联

西高穴二号墓的考古资料，道出了墓主人的一系列特征，包括他的年龄、性别、下葬时代、生前业绩、个性特征、落葬地点，等等。这些被揭示的墓主特征，几乎每一条都将墓主指向了曹操。

既然如此，我们再来看看文献所记录的曹操临终前后。

从魏武王到魏武帝的生死追尊

中国古代，帝王下葬是大事。因此下葬之后，当世或相隔不久的后世会留下文字记载。关于曹操的下葬，《三国志·魏书·武帝纪》即有一条重要记录：

庚子这天，王（曹操）在洛阳去世。享年六十六岁。曹操留下《遗令》说："天下还未安定，不必要遵守古制。下葬完毕后，都尽快脱掉丧服。各地屯守的将领，都不得离开屯守之地。其他管理部门也都要各司其职。下葬时穿平时的服饰，不用金玉珍宝陪葬。"（曹操）以武王为谥号，二月丁卯，埋葬于高陵[11]。

曹操死后，葬其身者是其子曹丕、曹植及文武百官。

曹丕曾作《武帝哀策文》；曹植则作《武帝诔》。两篇文献中均提及曹操下葬前后的情形。

然而不论何种文献，其所记曹操死亡的时间、死时的身份、下葬地点的选择、随葬物品的使用等，完全是一致的。

曹操死于建安二十五年正月，即公元220年正月。下葬时间是当年二月二十三日，其时仍属东汉王朝时期。

---

11. 陈寿《三国志·魏书·武帝纪》："庚子，王崩于洛阳，年六十六。遗令曰：'天下尚未安定，未得遵古也。葬毕，皆除服。其将兵屯戍者，皆不得离屯部。有司各率乃职。敛以时服，无藏金玉珍宝。'谥曰武王。二月丁卯，葬高陵。"

曹操征战一生，死时66岁。

公元216年，汉献帝封曹操为魏王。至曹操死时，魏王仍是其生前最高爵位。依制度和惯例，曹操死后，汉献帝一定会为其加谥封号。曹操戎马一生，加封谥"武"字最为正常。

"武王"是曹操去世之后、下葬之前获得的谥号。有了这一谥号，殡葬仪式或者其墓葬中出现"武王"或"魏武王"的用语，都是正常的。

公元220年十月，曹操下葬八个月后，曹丕便自己称帝。同年十一月，曹丕追尊曹操为"武皇帝"。这是一个重要的变化，曹操既已追尊，那么公元220年十月之后，人们当不会再称曹操为"魏王"，而会以"武皇帝""魏武帝"称之。

文献记载中的高陵位置

曹操的葬地，文献中称为高陵。

高陵的位置，其实是曹操自己选定的。

公元218年六月，临终前一年多的时间，曹操就墓地选址和营建问题说了一番话：

古代埋葬死者，一定选择贫瘠的土地。现在看来西门豹祠以西的高岗可以作为我百年之后的陵地。利用这个地方的高岗作为墓基，将来地表不必堆封土起坟堆，也不必种树立碑。《周礼》规定，冢人掌管国家墓地。诸侯葬在王墓左右两侧靠前，卿大夫葬在后面，汉朝制度叫做陪陵。凡是公卿大臣和有功的将领，死后可陪葬在我的墓葬周围。要扩大墓地范围，以便将来有地方安置他们。

他的这段话,被史家记录了下来,称为曹操的《终令》[12]。

公元220年,曹操在临终之际说了另一段话:

我半夜时醒来,感觉不大好,早上喝了点粥,出了些汗,又服了些当归汤。我在军中依法办事是对的,至于动不动发脾气,还做些错事,你们不要效法。天下尚未安定,(葬制)不必一定按古代制度办。我有头疼病,很早就戴上了头巾。我死后,穿的葬服要像平时一样。文武百官可以到殿中来参加葬礼的,只须按"十五举音"哭祭,安葬之后要他们尽快脱掉丧服;驻防各地的将士,不得离开驻地;官吏们应各守职位。入殓时穿平时的衣服,埋葬在邺城西面的岗地上,那里离西门豹祠不远。陪葬不要用金玉珍宝。我的婢妾和服侍我的艺人们都很勤奋,也很辛苦,让她们到铜雀台去,要善待她们。在铜雀台设六尺灵床,挂上稀疏一些的麻布灵幔,早晚摆上点干肉干粮作祭品。婢女与艺人们就住在铜雀台上,每月初一、十五从早上到中午向灵帐演奏。你们呢,平时也多到铜雀台看看,眺望眺望西方的陵园。我余下的香料,可以分给各位夫人,不要浪费在陵祭上。她们在家里平时没啥事做,可以学做鞋去卖。我做官历年所获得的绶带,都收藏好;我不穿的布衣皮服,可以另外收藏;其余的你们兄弟几个拿去分了。

---

12. 陈寿《三国志·魏书·武帝纪》:"古之葬者,必居瘠薄之地。其规西门豹祠西原上为寿陵。因高为基,不封不树。《周礼》冢人掌公墓之地。凡诸侯居左右以前,卿大夫居后,汉制亦谓之陪陵。其公卿大臣列将有功者,宜陪寿陵。其广为兆域,使足相容。"

他的这段话显然是对儿子们交代"后事"。这段话语重心长、感人至深。史学家记录下来,称为《遗令》[13]。从理论上说,曹操自己、他的亲人,甚至参与殡葬曹操的主事者,都有可能决定或影响曹操下葬地点的选择。但在这一问题上,曹操自己早已作了安排。他的安排符合中国文化传统,并无不妥之处,是曹丕等为其操办丧事之人完全能够接受的。

曹操墓的陵地选择,《终令》中说到了四个要点:

- 贫瘠不肥沃的土地(瘠薄之地)
- 西门豹祠以西的高地(西门豹祠西原上)
- 得用较高的地势建造茔穴(因高为基)
- 周围要开阔(广为兆域)

《终令》没有提到邺,但《遗令》中却说得明白:"敛以时服,葬于邺之西冈上,与西门豹祠相近。"

这里所说的邺,自然是曹操的封地邺城了。

曹操自公元204年攻下邺后,即开始将邺建成实际上的都城。特别是公元213年加封魏公之后,他获得了东到山东西部,南起汤阴(今河南安阳),西纳林州(今河南林州),北达曲周(今河北邯郸)、邢台的十个郡作为新的领地。因而他于公将邺视为都,于

---

13. 严可均《全三国文·卷三·魏武帝》:"吾夜半觉小不佳,至明日饮粥汗出,服当归汤。吾在军中持法是也,至于小忿怒,大过失,不当效也。天下尚未安定,未得遵古也。吾有头病,自先著帻。吾死之后,持大服如存时,勿遗。百官当临殿中者,十五举音,葬毕便除服;其将兵屯戍者,皆不得离屯部;有司各率乃职。敛以时服,葬于邺之西冈上,与西门豹祠相近,无藏金玉珍宝。吾婢妾与伎人皆勤苦,使著铜雀台,善待之。于台堂上安六尺床,施繐帐,朝晡上脯糒之属,月旦十五日,自朝至午,辄吾西陵墓田。余香可分与诸夫人,不命祭。诸舍中无所为,可学作组履卖也。吾历官所得绶,皆著藏中。吾余衣裘,可别为一藏,不能者,兄弟可共分之。"

私则将邺视为家。死后葬在邺城附近，比其他任何地点都更合乎情理。

除了《终令》和《遗令》，其他文献几乎无一例外地指向曹操死后葬在邺城西部。

曹丕《武帝哀策文》："前驱建旗，方相执戈，弃此宫廷，陟彼山阿"，说的是离开家为父亲送葬，"陟彼山阿"，就是走向崇山峻岭之意，正符合今天西高穴一带的地形特点。

曹植的《武帝诔》："既次西陵，幽闺启路。群臣奉迎，我王安厝。"

西晋文学家左思在他的《魏都赋》中，有"墨井盐池，玄滋素液"之句。同时代人张载为"墨井"（煤矿）作注说："邺西、高陵西、伯阳城西有墨井，深八丈。"上述三地，邺、高陵、伯阳城为由东向西叙述，由此可以知道高陵在邺城之西、伯阳城之东。

伯阳城是战国时魏国边邑，见于《史记》。现漳河南岸有清流村（原为安阳县属地，1953年划归河北磁县），该村西北便是伯阳城遗址，今已被岳城水库淹没。至今清流村尚有"白羊城、黑狗寨"等说法。所言白羊城，就是被岳城水库淹没的伯阳城。

晋陆机《吊魏武帝文》中，同样直说曹操"葬于邺之西岗上，与西门豹祠相近"。

所以西晋时，高陵的位置是极准确的，几乎无人不晓。

贞观十九年（645）二月，唐太宗在御驾亲征高丽途中路过邺。他亲自拜谒了曹操的高陵，并亲笔题写《祭魏武帝文》。

唐代《元和郡县志·相州·邺县》也明确记载："魏武帝西陵，在县西三十里。"

唐代许多文人，如李邕、沈佺期、刘商、岑参等人，均知道曹操葬在邺西，著有诗作，不作疑义。

说明唐代初年，人们仍然明确知道曹操陵墓在邺城附近的具体位置。

今天河北省最南部的临漳县有一座古城。此城始筑于春秋齐桓公时代，战国初属魏。三国时，袁绍曾一度据邺，以之为政治中心。建安九年（204），曹操击败袁绍，占据此城。建安十八年（213），曹操受封魏公后，加强对邺城的建设，在城内修建魏国的"社稷宗庙"。建安二十一年（216），曹操进封魏王，设天子旌旗，出入警跸。邺即实质上取代许都，成为曹操的"王业之本基"[14]。

今天的邺城遗址仍然保存着历史遗迹，其中包括"铜雀春深锁二乔"的铜雀台。这个充满哀怨的故事，至今仍然令人们对风流倜傥的周瑜同情不已。

曹丕称帝后，邺城过渡为曹魏的五都之一。

1983年，中国社会科学院考古研究所和河北省文物考古研究所合作组成邺城考古队，开始对邺城遗址进行全面的勘探发掘工作。

考古发掘证实，今天能够见到的邺城遗迹，由南、北两部分

---

14. 郦道元《水经注·卷十·浊漳水》，商务印书馆，1958年。

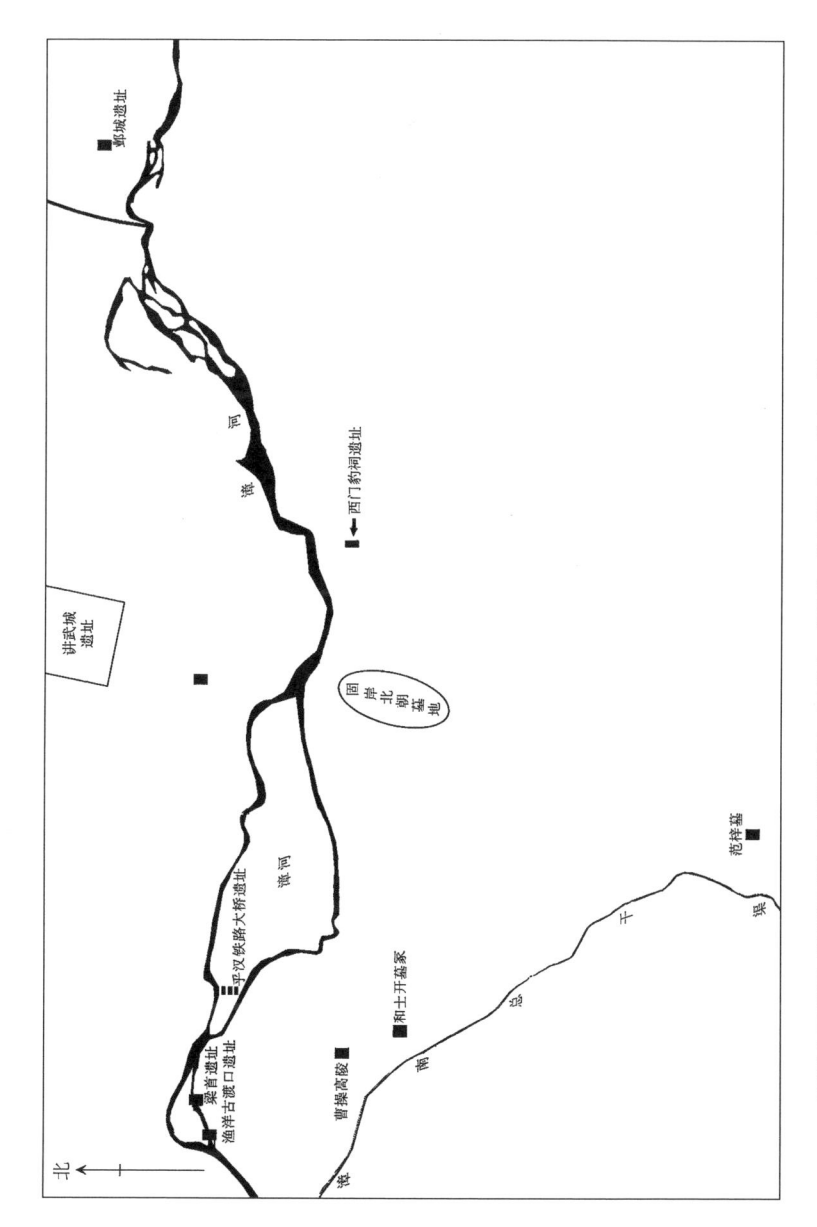

西高穴二号墓（曹操高陵）与西门豹祠、铜雀台（邺城）位置关系图（刘子彧据周立刚提供的图重绘）

组成。北部称为邺北城，南部称为邺南城。

邺北城修建年代更早。曹操所据的邺城，实际上是邺北城。

十六国时期的后赵（335—350）、冉魏（350—352）、前燕（357—370）均建都于邺北城。北朝时期的东魏（534—550）增建邺南城，建都于此，一直到577年北齐灭亡，邺都是都城。在中国都城发展史上，邺城占有重要地位。

邺北城平面基本呈方形，东西宽2 400米—2 620米，南北长1 700米。

城内有一条东西向大街将全城分为南北两部分。

东西大道以北，为官署和行政中心。宫殿区西为铜雀园，是王家囿苑。铜雀园就着城墙，自北而南修建了冰井台（北）、铜雀台（中）、金虎台（南）。铜雀台建于建安十五年（210），高10丈（约23米）；金虎台建于建安十八年（213），高8丈（约18.4米）；冰井台筑于建安十九年（214），高8丈（约18.4米）。现今冰井、铜雀、金虎三台遗迹尚存。

今天107国道往东行约5千米，在漳河北岸即可看到三台遗迹。三台既存，邺城的位置是无法否认的。

邺南城是东魏高欢增建的。公元531年，高欢以北魏丞相身份驻邺。534年，高欢立清河王元亶之子元善见为帝，是为东魏孝静帝。从此魏分东、西。东魏天平二年（535），高欢嫌旧邺城（即邺北城）过于窄隘，便动员数万人，在北城南边营建新宫。元象二年（539）九月，又动员十万人，拆洛阳宫殿木材，运抵邺地建造宫城，继而凿渠引漳水周流城廓。高欢修建的新城，称为邺南城。邺南城与邺北城一同使用。

北周静帝大象二年（580），柱国大将军尉迟迥起兵反抗杨坚，杨坚一气之下攻下邺城，并将邺城宫室付之一炬，同时将邺城之民迁至城南30里（今约15千米）的安阳。

千年名都，毁于一旦，繁华的六朝古都变成一片废墟。

隋唐以后，邺城更加荒凉。

隋时段君彦的《过故邺》留下了概括邺墟情景的诗句：

旧国千门废，荒垒四郊通。

盛唐时边塞诗人岑参《登古邺城》的诗篇，更描绘了古邺的荒凉景象并颇有所感：

下马登邺城，城空复何见。

东风吹野火，暮入飞云殿。

到了中唐时期，邺城已成为废墟。唐末诗人聂夷中《早发邺北经古城》诗云：

微月东南明，双牛耕古城。

但耕古城地，不知古城名。

按照历史上多数帝王都葬在都城附近的规律，西高穴二号墓的墓主人应该与邺城密切相关。考虑到西高穴二号墓是东汉末期墓，与其关联者，当然应该是邺北城遗址。

从地理上说，除邺城之外，西高穴大墓还有三处重要的相对位置关系。

其一，墓葬北部有漳河。

曹丕在《答临淄侯植诏》中说："欲祭先王于河上，览省上下,悲伤感切。"

其二,东部10里(5千米)左右有西门豹祠。

河南安阳、河北临漳一带有多处传说中的西门豹祠。有安阳丰乐镇的西门豹祠,河北邯郸临漳县仁寿村的西门豹祠以及元城(今河北大名县)的西门豹祠等。哪一处是早至汉代的呢?

丰乐镇西门豹祠位于古邺城西,漳河南岸,距今漳河大桥南行1千米处。这里目前仍存有高出周围2—3米的高地,其上至今还散落着不少东魏、北齐时的砖瓦残片。说明在东魏、北齐时,这里曾有地面建筑,比如庙宇宫殿等[15]。根据考古队实地调查,这里存在的砖瓦残片还不止有东魏、北齐时期的,还有东汉时期的。

河北临漳县文物保管所曾征集到一件后赵建武六年(340)的勒柱石刻,据说为此遗址所出,上面刻有重建西门豹祠的一些情况,由此可认定此为西门豹祠的遗址。

其三,墓葬埋在岗地,属"择高而葬",而且周围比较开阔。

曹操陵园与墓室的营造

文献还表明,曹操墓上曾经建有墓上建筑,也即陵园。其中最明确的一条文献来自曹丕羞辱于禁的故事。

于禁是曹操的大将,曾为曹操统一北方立下巨大功劳,但后

---

15. 刘心长:《曹操墓研究》,《新华文摘》,1998年第1期。

来不幸在与关羽的一场大战中被关羽擒获。于禁晚节不保，投降了关羽。关羽死后，于禁回到曹营。曹操念其早年有功，没有特别责怪于禁，但曹丕却耿耿于怀。他称帝之后，曾派于禁出使东吴，临行前故意让于禁先到邺城去拜谒曹操墓。结果于禁在曹操墓上的"陵屋"中看到的却是他自己战败被擒、屈膝请降的壁画。最终于禁羞惭忧虑发病而死[16]。

曹丕之用心，可谓有些过分，但这条记载却说明曹操墓前确实建有殿堂。

曹操墓陵园中的建筑，数年后即被拆除。

黄初三年（222），曹丕下诏[17]：

古代不在墓地祭祀，而是将祭祀安排在庙中进行。将设在先帝高陵的陵园殿宇拆去，将车马赶回家来，衣服也收藏入府，以顺从先帝节俭的品德和志趣。

曹丕的这份诏令似乎也说明这个陵园的设置并非曹操本意，而是曹丕等人擅自为曹操办的。

曹操的墓是如何建造的呢？

曹操作为汉室丞相，先为魏公，后为魏王，最终汉献帝封他"设天子旌旗"，可以相信他死后墓葬的形制与规格，当是帝王一级。

虽然曹操没有明确交代他的墓要采用什么形制、什么结构，但他的《终令》也透出一些线索。其中涉及葬法的内容有两处：

---

16. 陈寿：《三国志·魏书·于禁传》。
17. 杜佑《通典·礼十二》："古不墓祭，皆设于庙。先帝高平陵上殿皆毁坏，车马还厩，衣服藏府，以从先帝俭德之志。"

- 因高为基，不封不树：即利用岗地来建造墓室，地表不堆封土、不树碑。
- 广为兆域、使足相容：保证周围有足够的空间，以将来容纳陪葬自己的亲信功臣。

《终令》中的一句"其公卿大臣列将有功者，宜陪寿陵，其广为兆域，使足相容"，足以说明曹操并非孤独地葬于邺西。曹操身边的公卿大臣和列将功臣活得比曹操还长的大有人在，例如夏侯惇、于禁等。西高穴二号墓西部"成对"墓葬的发现，应验了《终令》的记载。不仅如此，曹操以帝王一级的身份入葬，他的陵区很可能还会有守陵人。

个人习性

至于装殓和随葬，文献中保留下来的内容有如下三项：

- 服饰：死后穿的衣服与活着时一样即可，不要按古制另办寿衣。
- 安葬之后，文武百官要脱掉丧服；驻防将士不要离开驻地，官员要恪守岗位。
- 随葬品：不要用金玉珍宝随葬。

这完全是薄葬的理念。

曹操的个人经历与习性，或许是另一种"死亡密码"。文献中还保留了一些有关曹操个人习性的史料。

1. 戎马一生

曹操生前伐董卓、败袁绍、除吕布、战赤壁。其军事经历，几乎无人能比。

2. 有妻妾多人

曹操妻妾甚多。其中见于文献记载的有丁夫人、刘夫人、卞夫人、环夫人、杜夫人、秦夫人、尹夫人、王昭仪、孙姬、李姬、周姬、刘姬、宋姬、赵姬等。

3. 生前有头痛病

曹操在《遗令》中明确说了此事。

4. 曾制作百辟刀

曹操留下的《内诫令》，是一份告诫自己家人的文字。其中有"百镇利器，以辟不祥，摄服奸宄者也"的记载[18]。百炼利器，即千锤百炼的锋利兵器。曹操认为这种兵器可以防身除凶，震慑奸人。《艺文类聚》卷六十记载说，曹操曾下《百辟刀令》，做了五把"百辟刀"。

5. 生前用香

古代家内熏香，代表地位和奢华。

曹操生前用香，但曹操用香十分俭省。他曾想禁止家内熏香，后来女儿嫁给皇帝，按制应该烧香，因此"恨不遂初禁"[19]。临终前他叮嘱将自己没有用完的"余香"分给诸位夫人，而不要浪费在陵祭中[20]。

---

18. 李昉等：《太平御览》卷三百四十五。
19. 李昉等《太平御览》卷九百八十一："昔天下初定，吾便禁家内不得熏香。后诸女配国家，因此得香烧。吾不好烧香，恨不遂初禁，今复禁不得烧香，其以香藏衣著身亦不得。"
20. 曹操：《遗令》。

第三节 此处葬曹操

2009年注定是安阳年。

先是神秘的安阳籍人士中体育彩票,获奖励3.9亿元,举国聚焦安阳。

一场瑞雪降临豫北之后,中国文字博物馆在安阳开幕。安阳再次成为国人关注的中心。

安阳人为安阳骄傲,暗地里期待着安阳能够博得另一场喝彩。因为考古圈早已传开,西高穴二号墓很可能是曹操的陵墓。

但是2009年12月27日以前,西高穴二号墓是曹操墓的说法仅仅在学界内部流传。

随着二号墓发掘接近尾声,谁是该墓的墓主,自然也成为考古界需要回答的问题。考古学家则长时间埋头于论证过程中。

不得不承认,社会各界对于考古学界确认墓葬的墓主一直存在某种误解。许多人以为,在确认古墓的墓主身份这一问题上,大墓一旦掘开,首先应该去查找文献,看看文献中的有关记录。如果文献中提到某个时候某人葬于某地,便以所发现的墓葬去与文献相联系;如果与文献记载对应,则认为这座古墓的墓主就是文献中的某某;如果与文献中的某条记载不合,则认为墓主无法确认。

不妨将这种方法称之为"考古实物必须服从文献记载"的方法。

然而这一方法并不科学。

为什么不科学？问题出在哪里？

很简单，既然实物资料服从文献记载，必须有一个前提：文献记载确凿可信。

然而事实却未必如此。文献关于某人或某事的记载，有时候是唯一的，也是正确的；有时候却会出现两种甚至多种相互矛盾的记载，有时候记载不准确，有时候甚至完全是错误的或者虚假的。按照文献记载来解释考古发掘，或者说以实物资料服从文献记录，尽管有时候二者可以很好地对应，但存在解释不表，甚至完全错误的危险。

当文献记载存在多种说法的时候，受过一定训练的学者一定会先对文献进行整理，剔除不可靠记录，归纳文献记载的主流信息，再通过具有可信度的主流信息来解释考古发现。这是优于依据某些特定文献记载来判定墓主的做法，但是在具体的操作过程中，由于甄别每一条记录的真实性存在困难（遇到文献中的漏记和误记可能更加束手无策），有时候会面对复杂的文献资料而难以确定主流信息。

20世纪90年代，西方考古学界曾激烈批评过某些中国考古学家研究工作中的"证史倾向"，即考古实物资料服从于文献记载的做法。无论中外学者，在如何处理文献记录与实物资料关系这一点上，都有过沉痛的教训。

因此，在做考古发现的解读工作时，应反对简单地套用文献材料，尤其不能抓住某条特定记录来评价某项考古发现正确或者错误。

正确的方法，应该首先让考古材料"自己发表意见"，然后将考古材料所得出的结论与文献记载咬合。这种方法的立足点是材料，文献记载属于第二位。考古材料"自己发表的意见"，在与文献记载相联系之前，完全独立于文献之外。自然，文献材料本身也必须按文献学的法则进行"去伪存真"的处理，其中的"特定记录"或者"单条文献记载"要服从于从可信文献中得出的"主流信息"。

为什么要立足于考古证据？原因很简单，考古材料通常不会是假的，即使有人造假也可以识别。如果汉代一座房屋倒塌后被埋在地下，它仍然是一座真实的汉代建筑。

为什么是"咬合"？这是因为，考古资料就某问题所提供的信息常常不会是一条，很可能是"证据链"。每条证据所起的作用并不相同，但每一条证据之间都是相关联的。为保证研究的科学性，不应该使用单条证据，而应该立足考古"证据链"去检验文献中的"主流信息"，观察二者的契合程度，最终得出结论。

西高穴墓葬的"死亡密码"可否与文献中曹操的死亡线索相印证呢？

西高穴大墓是一座东汉末年的墓葬，曹操死在东汉末年。

西高穴大墓无论从规模还是规格判断，都属帝王一级。曹操虽未为天子，但可以"设天子旌旗""备天子乘舆"，是东汉末年的实际掌权者。死后按帝王的规格安葬合乎情理。

中国古代帝王，十有八九都葬在都城附近。西汉帝陵在汉长安的北面；宋代帝陵在巩义；明代帝陵在北京。西高穴东北30里（约15千米）的邺城正好是曹操时期的都城。曹操自建安九年（204）攻陷邺城后，以此为都17年。特别是公元213年曹操封爵魏公后，邺城实际上成了全国的政治、文化和经济中心。

从邺城的三台遗址出发，沿漳河南岸向西走不足30里（约15千米），便是今天的安丰乡西高穴村和渔洋村。西高穴二号墓的位置，从地理上满足了曹操要求他的儿子们"时时登铜雀台，望吾西陵墓田"的要求。西高穴村一带，本来就是古代邺郡或邺县的一部分。关于这一点，唐代碑刻和墓志铭，都可以"表态支持"，例如唐朝开元三年（715）的《相州邺县天城山修定寺之碑》，开元七年（719）的《大唐邺县修定寺传记碑》，都铭记位于今安阳县西北的清凉山修定寺属于当时的邺县。西高穴村的位置，甚至比修定寺更靠近三台遗址。

西高穴大墓不仅通过其与邺城的相对位置关系与曹操墓联系起来，而且其自然地理位置或地貌特征也与文献中的曹操墓地望相对应。

西高穴大墓附近是一处岗地，其地海拔107米，明显高于周围，墓葬周围地势开阔，与曹操《终令》中所言地貌特征完全一致。

曹操所葬地与河相近，被曹丕等无意间透露出来，而西高穴大墓正在漳河岸边。

曹操《遗令》明确提到他的葬地与西门豹祠的相对位置。魏晋至唐代诸多文献中，似乎也特别偏好拿西门豹祠来说曹操高陵。

基本信息	墓主人系男性（体质人类学鉴定结果）
	死亡年龄当在60岁以上（体质人类学鉴定结果）
	葬于东汉末年（墓葬结构、出土文物可证）
	有帝王一级身份（墓葬的规模、规格，尺寸超大的圭、璧等文物可证）
	生前经历可能与邺城相关（墓葬东30里有故邺城）
个性化信息	死后有"魏武王"谥号（墓中出土的刻有"魏武王"的石牌可证），但后世又被称为"魏武帝"（后赵鲁潜墓志可证）
	生前有过丰富的军事经历（墓葬中出土有铁铠甲和铁刀），同时又爱"舞文弄墨"（墓葬中有石牌刻着"书案一"，同时出土有陶砚台）
	生前有头颈病或头颈不适（墓主头骨+"魏武王常所用慰项石"）
其他相关信息	墓葬位于岗地（墓葬所在地正是一处岗地）
	墓葬东距西门豹祠不远（东10里有西门豹祠）
	墓西有陪葬墓（陪葬墓两两一组，与二号墓形成东西方向的线性关系）
	墓顶未加封土，没有坟丘（考古发掘可证）
	墓主人生前曾经用香（墓中有石牌刻写"香囊卅双"）

判定墓主身份的考古学信息（作者总结）

基本信息	男性
	死亡年龄66岁（《三国志·魏书·武帝纪》）
	谢世时间为公元220年，其时汉献帝尚未被废黜，恰为东汉末年（《三国志·魏书·武帝纪》）
	公元213年被汉献帝封为"魏公"，216年晋爵为"魏王"。奉诏可"设天子旌旗"，拥有比肩帝王级的身份（《三国志·魏书·武帝纪》）
	公元204年率军破邺城，此后"邺"为其事业发迹之地。北宋以前文献，均谓曹操死后葬于"邺西"（《三国志·魏书·武帝纪》）
个性化信息	公元220年谢世，获谥号"武王"。下葬八个月曹丕称帝，又被尊为"武皇帝"，后世遂以"魏武帝"称之（《三国志》相关文献）
	征战无数又登高能赋，文学成就与军事成就并驾齐驱（《三国志·魏书·武帝纪》）
	生前确有"头风病"（《遗令》）
其他相关信息	葬于岗地之上（《终令》）
	葬于西门豹祠以西（《终令》）
	有陪葬墓（《终令》）
	墓葬"不封不树"（《终令》）
	临终前曾将余下的香料分赠各位夫人（《遗令》）

文献中有关曹操的临终前后（作者总结）

西门豹祠的实际位置，经过考古调查，已确认就在西高穴二号墓以东10里（约5千米），准确印证了文献的记载。

时间线索、地理线索均得到考古发掘的实证。表面上这是破解谜团的两个维度，但其中地理线索方面的印证，其实已经不只是"一对一"的对应，而是"咬合"。漳河、山峦、高岗、邺城、西门豹祠，无不缝接。

西高穴二号大墓地面发现陵园，文献显示曹操下葬时地面建有陵园。

《终令》记载说曹操要求自己的"寿陵"要"广为兆域"以便有足够空间安排其公卿大臣列将有功者陪葬。西高穴二号墓西部发现四座带墓道的汉墓，四座墓东西向一字排开，两两一组，与二号墓保持线性布局，明显是有意识的安排。从墓葬规模上，四座墓小于二号墓，正是陪葬墓的特征。

甚至我们可以问自己一个问题：为什么西高穴村的村民以徐姓为主？是否当年跟随曹操驰骋疆场的大将徐晃家族或者家族的一部分成了护陵人呢？

《遗令》显示曹操要求薄葬，不封不树。所谓"不封不树"，指的应是不堆封土。西高穴二号大墓未发现封土，印证了文献。

虽然墓葬在被盗的情况下还出土了1 000余件，但多属"常所用"之物。薄葬不等于草葬，更不等于裸葬。西高穴二号墓以帝王等级，随葬这些器物，仍属薄葬范畴。

西高穴大墓与曹操"死亡密码"还有几项"唯一对唯一"的排他性对应关系。

西高穴二号墓的墓主人，下葬时虽然是"魏武王"身份，但死后却被人称作"魏武帝"。

由"王"变"帝"，一字之差，身份却发生了质变。

怎么知道西高穴二号墓的墓主后来变成了"魏武帝"？答案在鲁潜墓志上。鲁潜墓志上说，鲁潜墓距"魏武帝陵"的西北角"西行四十三步"。

公元213年曹操封魏公，216年封魏王，220年正月曹操去世后，入土下葬之前，汉献帝又赐谥号"武王"。仅过八个月，曹丕称帝，曹操又被追尊为"武皇帝"。这一系列称号的变化，竟然也与西高穴大墓的墓主人墓内称"魏武王"，死后被称为"魏武帝"相对应。这同样是"唯一对唯一"的对应关系。

那么"魏武王常所用挌虎大戟"会不会是曹操生前将自己用过的"大戟"赐予了某位"爱将"，"爱将"死后，将曹操赐予的"大戟"随葬于自己的墓葬中呢？例如，如果张辽或者许褚生前获得了曹操的几件武器，张辽或者许褚死后，将武器作为"荣誉"，贴上标签随葬于自己的墓葬之中。

如果真这样，"魏武王常所用挌虎大戟"岂不正好成了否定西高穴二号大墓是曹操墓的铁证？

这个问题听起来刁钻，实际并不合情理。

生前节俭的曹操将其"常所用"之物赠与臣僚，若是一件两件尚可理解，怎么可能赠这么多？如果真有某位重臣有幸获得"魏武王常所用挌虎大戟"，他又有何理由、有何能力按帝王规格为自己建一座墓？

帝王规模的大墓中出土有"魏武王"石牌的墓主可能性最大的就是曹操。

墓主下葬时称"魏武王"，但鲁潜墓志却称"魏武帝"。中国浩如烟海的古代文献里，能够符合生前称"魏武王"，死后称"魏武帝"者，仅曹操一人。

曹操生前的某些个人习性在西高穴墓葬中也有所反映。

西高穴二号墓出土了铁铠甲、铁剑、铁戟等兵器，曹操戎马一生。

西高穴二号墓出土了"慰项石"，文献记载曹操有头痛病。

西高穴二号墓内出了刻有"百辟刀"的石牌，文献记载曹操生前曾打制"百辟刀"。

西高穴二号墓出土了刻有"香囊卅双"的石牌，文献记载曹操生前的确熏香。

西高穴二号墓除发现男性墓主外，又在后室的两个侧室中各发现一具棺木，并发现两枚女性头骨。文献中的曹操曾有妻或妾多名。

细节之间的相互条件满足，加强了西高穴大墓与曹操之间的对应关系。

西高穴二号墓那个死在东汉末年、葬在邺城西30里高岗上、具有帝王级地位、实行了薄葬、头部有病、下葬时为魏武王、死后被人称为魏武帝的人，只能是曹操！

西高穴二号墓那个生前使用"百辟刀"、死后随葬有"木墨行清"、随葬有香囊、八寸机、白练单裙的人，只能是曹操！

西高穴大墓的墓主是曹操，则墓内那枚60岁以上的男子头骨只能属于曹操。因为曹操死时正好66岁。

安阳西高穴二号墓，只能是曹操墓，也即文献中的曹操"高陵"。

第四章

质疑与反质疑

第一节　风雨曹操墓

罗贯中的《三国演义》，以及流行于瓦肆间的故事说唱，使得曹操在民间家喻户晓。早已深入人心的"七十二疑冢"说，迅速让人们心中升起一个问号：考古队在安阳发现的曹操墓是真的吗？

围绕曹操墓的真伪，社会一夜之间分成两派："挺曹派"和"反曹派"。双方各抒己见，争执不断，逐渐酿成一场"曹操墓风暴"。

"曹操墓风暴"始于2009年12月28日，也即河南省文物考古研究所在北京发布"曹操墓在河南安阳被发现"新闻的第二天。

网络，方便了人们表达意见。有人在"微博"中提出一个简单的问题：考古队会不会只是挖了座"七十二疑冢"之一的墓呢？这个问题一抛出，无数质疑随之而来：有人说考古队为了配合政府"拼GDP"，可能人为造了一座假墓；有人说，虽然墓葬本身是真实的，但考古队伪造了作为"关键证据"的随葬品——带有文字的六边形和圭形石牌，以便证明墓葬是曹操本人的墓；又有人说，即使考古队没有造假，学者们在论证曹操墓的过程中犯了学术错误；更有人高调表白自己的"严谨"态度：只要不出土印章，便不能说是曹操墓。即使是曹操墓，也不要急于下结论。

随着社会上质疑声音渐起，官方也开始作出回应。

最先回应质疑的是中国社会科学院。中国社会科学院深知责任重大。发声前，其旗下唯一的考古学术机关——中国社会科学院考古研究所出于慎重，决定组织专家前往安阳，承担起核实和论证的职能。

冬日的安阳，寒风刺骨。2010年1月11日，专家组一行十二人到达曹操墓发掘现场，对墓葬结构以及出土文物进行了详细观察。经过内部讨论，专家组达成基本意见：同意河南省文物考古研究所的结论，认为西高穴二号墓可以认定为曹操墓。

2010年1月14日，中国社会科学院考古研究所以"中国社会科学院2009年公共考古学论坛"的形式，公布对安阳曹操墓的分析论证结果。专家们从墓葬形制、随葬品组合、墓葬及文物与文献记载的相关性以及人骨鉴定等多个角度，向社会和媒体解释了西高穴二号墓可以认定为曹操墓的理由。

专家们的解释并未平息风波。在专家公布论证结果前约两周，2009年12月28日，《光明日报》专门负责文物考古口的资深记者李韵亲自执笔，在《光明日报》第5版"观察与探索"专栏以大篇幅写下了一篇著名报道：《中国社会科学院等方面专家基本认定：西高穴大墓是曹操的陵墓》。

标题使用了最通俗的语言"西高穴大墓是曹操的陵墓"，显示《光明日报》想将话说给最普通的大众听，但"认定"二字前面加了"基本"的限定语，透露出专家组可能有不同意见。为什么是"基本认定"？还有什么可以犹豫的呢？

报道中的些许"迟疑"给了质疑者"翻盘"的机会。质疑之声并未因官方报道和解释停止，甚至愈演愈烈。当时有网友在新浪网注册了"曹操吧"，一时吸引粉丝无数。贴吧里尽是"挺曹派"与"反曹派"激烈的交锋。

冬天过去了。短暂的春天也很快过去了。华北迎来了夏日炎炎,同时也迎来了一年一度的"全国十大考古新发现"评选。

2010年的6月12日是全国"文化遗产日",国家文物局在苏州公布了入选的十个项目,经过专家投票,曹操墓毫无悬念入选。持续高度关注曹操墓的《光明日报》再度大幅报道了评选结果。曹操墓入选"十大",对社会上的"反曹派"来说是重大打击,却并没有阻止一些执着人士的质疑。

6月21日,有人称西高穴二号墓的墓主并非曹操,而是曹魏末代皇帝曹奂,居然获得无数拥趸。

面对质疑,学术界保持着耐心和克制,但也有学者担心有人利用曹操墓事件达成私利。笔者在接受《光明日报》记者柳霞专访时,抛出另类观点:对曹操墓真伪的争论让我们感受到国人对诚信的呼唤、对社会道德能否全面得到提升的忧虑。但同时我们还要谨防那些佯装严谨,拿曹操墓事件当作"道德秀场"的"学者"和借此炒作自己的学术流浪汉[1]。笔者在采访中说,学术界存在两种学术不端:一是曲解资料胡乱放话;二是拿学术当秀场,不脚踏实地研究材料,蓄意炒作。前者很容易被揭露,后者却尚未引起大家重视,但两者都不容于学术殿堂。

访谈似乎点到了某些质疑者的要害。不久网络上出现一幅"调侃"笔者以及当时的"挺曹派"核心人物、中国社会科学院考

---

1. 柳霞:《别让考古变秀场》,《光明日报》,2010年6月29日,第005版。

古研究所前所长、秦汉考古大家刘庆柱先生的合成"漫画"。背后因由,可能是笔者接受采访时言语过于"傲慢",才导致有人在网络上"恶搞"。

曹操墓入选"十大考古新发现"后,"挺曹派"显然占了上风,但"反曹派"不甘寂寞。

2010年8月21日,部分质疑派自发汇聚苏州,开了一次号称"三国文化全国高层论坛"的会议。这次会议目的明确,就是要"颠覆"官方对曹操墓的认定。会议结束后,组织者给媒体的新闻稿以"大尺度"表达了自己的声音:安阳曹操墓在发现与发掘过程中存在人为策划、蓄意造假的行为……安阳西高穴大墓的墓主另有其人。

8月26日,有人称经过"暗访",发现曹操墓"出土"的石牌是考古队"埋地雷"的结果,实际却是河南南阳张衡街"制造"。

9月1日,甚至有人称,考古队收了安阳市政府2 300万元经费后参与造假。

机智却明显知识储备不足的网友立即跟帖说:考古队在安阳发现两个人头,一个是曹操的,一个是曹操小时候的!

新一波的所谓"质疑"除了喊几句口号,并未提供任何证据。学术界本可不作回应,但肩负责任的学术界还是决定以规范的方式向社会作出解释。

9月18日,中国秦汉史学会邀请103位专门从事汉魏历史和考古研究的学者齐聚河南内黄,召开了一次"曹操高陵考古发现专家座谈会"。会上再次对曹操墓的定性问题进行了讨论,会议的结论仍然认为安阳西高穴大墓可以认定为曹操墓。

10月1日,《中国文物报》第6版和第7版全面报道了来自全国及国外的秦汉魏晋考古和史学工作者对西高穴大墓"非曹操墓说"和"曹操墓造假说"的回应,公开呼吁非专业人士不必猜想过度,让社会"回归学术探讨"。

此后,专业圈内开始逐渐淡出争议,不再频繁回应在他们看来没有意义的"质疑",而是按照学术界逻辑有序展开工作。

2012年,国家文物局在北京组织"曹操高陵文物保护方案论证会暨曹操高陵保护规划"论证会。

2013年,国家文物局将曹操墓列入全国重点文物保护单位。

随后是曹操高陵博物馆开始修建,馆内陈展大纲开始论证。质疑之声也逐渐淡去。

2023年,曹操高陵遗址博物馆终于迎来了开馆之日。

第二节　倾听质疑声

整座墓造假

许多人对西高穴二号墓的最初反应是:整座墓造假。

整座墓造假当然不值一驳。西高穴村就坐落在西高穴二号墓边上,倘若考古队在旁边修建一座假墓,村里的数千村民会没有察觉?村里的土地,麦苗油油,考古队若占地抛苗,村民还不得找他们拼命?

整墓造假的指控,似乎全然凭着一腔义愤,冷静下来,便会知道整座墓造假没这么简单：大面积掘开麦地修建15米深的大墓而不为人知不可能，砖结构的墓壁抹上石灰再做旧不可能，在墓葬中"制作"两具木棺并将其掺入泥土中化成若隐若现的"棺痕"不可能，杀三个人将其头皮剥去再悄无声息地放入墓中也不可能……

2010年，中央电视台反复播出曹操墓的相关考古现场照片，香港凤凰卫视也策划了几期节目，客观报道了"反曹派"的质疑声音和"挺曹派"的回应，社会上相信整座墓造假的人自然越来越少。虽然直到2010年9月还有人声称考古队收了安阳市政府2 300万元并公然造假，但无中生有的指控因为根本没有证据，最终再无声息。

考古队通过伪造关键证据强行将一座汉墓认定为曹操墓

奇怪的是，"反曹派"似乎被一只无形之手在操控着。随着"整墓造假"的质疑销声匿迹，他们退守第二道防线：西高穴二号墓的墓葬是真的，但考古队伪造了"关键证据"，将一座东汉墓葬强行解读成了曹操墓。

这一次，"反曹派"并非全然"防守"，而是在防守的基础上多点出击。大家纷纷贡献自己的智慧，对考古队伪造证据一事大加猜测。

什么是"关键证据"？多数人认为，西高穴大墓之所以被解读成曹操墓，最重要的"证据"是墓内出土的刻字石牌。于是出现以下指控：

带字圭形石牌和带字六边形石牌是伪造的

的确，考古学界认定西高穴二号墓是曹操墓的关键证据之一，便是刻写有"魏武王常所用挌虎大戟""魏武王常所用挌虎短矛"，以及诸如"胡粉二斤""黄豆二升"一类的带字石牌。

但质疑者说，考古队事先在南阳张衡街找人预制了一批石牌，刻上文字后带到考古工地，趁无人之时埋入墓内土中，次日再由参加发掘的技师或者民工"发掘"出来。有人带着得意之色在电视上炫耀自己的知识：这种方式在盗墓行业中称为"埋地雷"；考古队通过埋地雷的方式，将伪造的"关键证据"冒充发掘品，纳入论证过程，从而得以将一座汉代大墓解读成了"魏武王"的墓葬。

凤凰卫视的一位网友出面"证实"这种指控。他观看了笔者参与的一档辩论节目后跟帖责骂笔者说："考古狗官，明明在造假还不承认。你看石牌上居然有简体字……"

还有一位博士毕业、学问很大的学者，利用电脑技术广泛查询文献后，在"曹操吧"发帖说，他找到了考古队造假的"铁证"。据他认真查阅，"黄豆"二字在中国古代文献中，首次出现于唐代。如果西高穴二号墓是曹操墓，那就意味着东汉末年便有"黄豆"这个词汇了。这怎么可能呢？难不成"唐朝的黄豆"蹦进了曹操墓？

鲁潜墓志是伪造的

有位大学教授突然在"曹操吧"公布自己的"重大发现"：虽

然曹操墓是2008年才开始发掘,但早在10年前便已开始作伪。他推测1998年被徐玉超发现的鲁潜墓志其实也是考古队预先埋下的"地雷"。

有网友发帖声援这位教授说:是的,这方墓志一定是假的,因为整块志文长达120字,居然一个标点符号都没有,焉能不假?

墓葬内画像石是伪造的

在某卫视的一档节目上,某位知名教授指着1块断为三截,据说是出自曹操墓的画像石说:你们看,这块断成三截的石头,上面还留有考古队用电锯作伪的痕迹。类似的指控不一而足。

出自曹操墓的"七女复仇"画像石
质疑者认为此石断成三截是因为考古队"造假"时使用电锯"锯"开的(作者摄)

学术界在"认定"曹操墓时存在学术失误

面对考古证据,部分质疑者发现质疑"造假"是多么苍白无力,却难以接受西高穴二号墓就是曹操墓的结论,于是埋头找茬,开始在学术界关于曹操墓的论述中"鸡蛋里挑骨头"。

有人自视甚高,认为学术界可能不知道世间还有"七十二疑冢"的传说,提醒考古队西高穴二号墓并非曹操墓,而是曹操当年设置的"疑冢"之一。

有人根据中国人大都葬于家乡附近的特点,提出生于安徽的曹操不可能葬在安阳,而应该在他的老家亳州寻找。

有人说西高穴二号墓的墓葬规模不够高,不符合"帝王墓"的规制。

有人说中国历史上称为"武王"的并非曹操一人。五胡入华时期,冉魏的冉闵也曾被尊为"武悼天王",因此不能排除西高穴二号墓是冉闵的墓葬。

有人说考古队搞错了此墓的年代,并指责考古队由于害怕造假被"揭穿",因而不敢做热释光,更不敢做碳十四测年。鉴于年代未定,有人推测墓主可能是去世时间更晚的曹奂、石虎,或者常林,甚至是夏侯惇。当然,也有人说此墓年代更早,应该是梁惠王的墓。

有人说西高穴二号墓中出土的"挌虎大戟""挌虎短矛"不是曹操自己的,而是曹操将其"赏赐"给了某位将士,因而该墓是曹操某位将士的墓葬。

曹操的《终令》明确说过"其公卿大臣列将有功者,宜陪寿陵,其广为兆域,使足相容",但为什么曹操墓附近只发现西高穴二号墓以及旁边的一号墓呢？这明显是学术逻辑不整合，因为考古发现不符合《终令》的记载。

2010年，曹休墓在洛阳被发现。由于墓中出土了曹休的印章，社会上居然无人质疑曹休墓的认定。但有人将西高穴二号墓与曹休墓加以比较，执意认为曹操墓的规模不及曹休墓，由此指出考古界认定曹操墓显然是错误的。

最经典的质疑，是有学者注意到西高穴二号墓中出土了1件"陶圈厕"。所谓"陶圈厕"，是东汉时期猪圈与厕所连体的陶质明器。其器形特点是上有蹲位，下有猪圈。有位学者说，养猪是民间的事情，曹操贵比帝王，怎么可能会随葬"陶圈厕"呢？网友机智跟帖：这座墓要么不是曹操的，要么曹操是个养猪的。

似乎人人都在"秀"自己的那点历史知识。质疑者抓住一点，无视其余，在网络上翻云覆雨，甚至要求学术界屈从"民意"。

暂时搁置曹操墓的认定

除上述质疑外，少数学者借机将自己打扮成世界上最严谨的学者，发声说：既然暂时不能认定，就干脆不急于认定。

此种声音的出现，似乎证实了笔者在接受《光明日报》采访时的担忧：曹操墓事件，果然成了部分人的"道德秀场"。

第三节　质疑背后的真相

事实上，曹操墓发掘之后，社会上的种种质疑，有的随着事件的发展自行消解了，如整座墓造假，事后再无人相信。但也有一部分质疑，许多人仍然不明真相，需要加以澄清。前文已经解释了曹操墓的形制规格、陪葬墓，不再赘述。以下就其他具体质疑进行解释。

七十二疑冢

说起曹操墓，不得不说"七十二疑冢"。西高穴二号墓会是狡猾的曹操设的众多疑冢之一吗？

"疑冢"即假坟。唐代人张瑝、张琇为报杀父之仇，刺杀一个叫万顷的人，结果自己也被处死。二人死后，有人收尸将他们葬在河南邙山上，但又担心万顷的家人知道了会掘坟，于是设置了几处疑冢[2]。这是设疑冢防寻仇的特殊例子。

罗贯中在《三国演义》中对曹操安排自己的后事有过描写。书中说道，曹操临终前命人在彰德府（今安阳）讲武城外设疑冢七十二，使别人不知道他死后的葬身之地，以防他日自己的墓葬被人挖开[3]。

曹操疑冢之事，经罗贯中发力渲染，很快在民间广为流传。

明清两代，曹操疑冢之说甚嚣尘上，甚至演变成绘声绘色的志怪故事。

清朝时，《坚瓠集·续集卷之二》中有这样一个故事：

---

2. 刘昫：《旧唐书》卷一八八《孝友列传·张琇》。
3. 罗贯中《三国演义》："遗命于彰德府讲武城外，设立疑冢七十二，勿令后人知吾葬处，恐为人所发掘故也。"

明亡而清兴的变革之际，漳河之水突然干涸。有几个捕鱼人在漳河残存的积水中捕鱼时，发现河床中有一块大石板，石板旁有一空隙。渔人往里探望，见里边黑洞洞的。他们想，这里边定然藏有许多鱼，于是从空隙中爬了进去。进到里边，却发现一道石门。推开石门，见其中竟然有很多美女。这些美女或坐或卧倚，分列两行。但过不多久，她们渐渐化为灰烬，委于地上。渔人还看见一张石床，床上卧一人，冠服俨如王者。石床前还立有一碑。渔人中有认字的，凑上前一看，上面写着是曹操墓。捕鱼者居然将曹操裂尸而去。

《坚瓠集》的作者解释说，这些美人活着下葬，地气凝结，看上去有如活人。墓门打开后，地气泄漏，美人们才立刻变成灰。唯独曹操的尸体用了水银装殓，因而肌肤不朽。

蒲松龄在《聊斋志异》卷一〇《曹操冢》中记录了另一个故事：

盛夏时，有人入漳河浴，忽然闻刀斧之声。随后有人看见水中有断尸浮出。入浴者十分惊怪，将事情告知当地官吏。地方官吏闻之，立即派人闸断上流，使漳河暂时干涸。这时发现一个深洞，洞中设有一个转轮，轮上排利刃如霜。他们将转轮取走，进入洞中，发现一座小碑，上面写着汉篆。仔细一瞧，是曹孟德的墓碑。于是人们破棺散骨，盗走了所有的金银财宝。

蒲松龄讲完这一故事后评价说：曹操的坟墓竟会在七十二疑冢之外！真奸诈啊，但他终究尸骨不保。他愚蠢就愚蠢在太聪明了。

近人邓之诚在《骨董琐记》卷三"曹操冢"条记录了一件很

有趣的事[4]：

> 壬戌年正月三日，磁县乡民崔老荣在彭城镇（今河北邯郸）西十五里的乱葬地中为死者挖坟穴，突然地下塌出大坑，细看是一个宽敞且四壁如新的石室。于是赶紧报告给县令陈希贤。陈即组织人先用硫黄喷，然后入石室查看。结果发现室内置有石棺，棺前刻有石志文，记载的是魏武帝曹操。据说此前五十年挖到过石室十余处，这是首次发现曹操真坟。石志至今还有县署保存。改日当前往访读。

邓之诚后来是否真见到过他提到的石志，已无从知晓，他所讲的或许真有发现一座古墓的事实基础，但解释墓主时与曹操联系起来，显然是受了七十二疑冢的影响。

类似的将某些偶然发现与曹操墓进行草率联系的事，20世纪也发生过。1983年，有农民在漳河大桥下的河床挖到文物，有人说是曹操遗物。但据学者考察，这些文物是明代的，与曹操墓无关。

罗贯中当然不是曹操七十二疑冢说的始作俑者。

元末明初文学家陶宗仪《南村辍耕录》提到"曹操疑冢七十二，在漳河上"[5]。

南宋文人罗大经《鹤林玉露》也说："漳河上有七十二冢，相传云曹操冢也。"[6]

---

4. 邓之诚：《骨董琐记全编》，三联书店，1955年，第105—106页。
5. 陶宗仪：《南村辍耕录》卷二六"疑冢"条。
6. 罗大经：《鹤林玉露》卷三"曹操冢"条。

南宋人范成大在他的《石湖诗集》中记他在孝宗乾道六年（1170）出使金国期间，曾经在讲武城外亲眼见到过曹操的七十二疑冢。他临冢感怀，写了一首《七十二冢》诗："一棺何用冢如林，谁复如公负此心。闻说北人为封土，世间随事有知音。"

稍晚一些的程卓在《使金录》中也说他在出使金国的途中，曾亲历过曹操的七十二疑冢。

南宋俞应符对曹操设"疑冢"深信不疑，题诗骂曹操"生前欺天绝汉统，死后欺人设疑冢"，并建议"尽发疑冢七十二"。

南宋时，人们似乎普遍相信曹操设七十二疑冢之事。

"七十二疑冢"一说最早可能起源于北宋，并与韩琦、王安石两位名人有关。

韩琦本是相州（今河南安阳）人，曾于北宋嘉祐年间掌管枢密院。韩琦早年在安阳期间，曾写过一诗，题名《三台怀古》。此处录其前四句和后四句：

人道奸雄君似鬼，奸雄我道鬼输君。

身犹北面魏基建，骨入西陵汉鼎分。

……

僭窃一时人已往，奸雄千古史还收。

西山疑冢累累在，衰草寒烟几度秋。

诗中的奸雄无疑指曹操，西陵也必然是说曹操墓。但末尾两句中的"疑冢累累"，应是韩琦对着邺西的众多坟冢发出的感慨：衰草寒烟，人生瞬间。

嘉祐五年（1060），与韩琦同朝为官的王安石送契丹国使出塞。其时北宋都城在汴京，也即今天的开封，而辽国版图的南界在今北京南部的涿州。王安石在开封与涿州间走了一个往返。大概返回汴京途经相州时，王安石注意到相州西部太行山前高大的封土，于是也写了一首诗，题名《将次相州》。其中前四句是这么写的：

青山如浪入漳州，铜雀台西八九丘。

蝼蚁往还空垅亩，麒麟埋没几春秋。

韩琦的诗最先在同一首诗中将曹操与疑冢相联系，开"疑冢"说之先河，而王安石的"八九丘"，则给了一组数字，或许有人做了一道简单的算术题，使王诗中的"八九丘"成了"七十二疑冢"。

曹操"疑冢"说有两个特点：一是曹操"七十二疑冢"的出现是北宋以后的事，而早期极力渲染者以南宋人居多。二是"疑冢"说基本不见于正史，似乎仅见于文人的诗歌、笔记、小说等文学作品中。

文学作品是宣泄情绪最好的形式。站在南宋人的立场，曹操当年挟天子占据长江以北，有如金国之于南宋。咒骂曹操，岂不是咒骂金国？

所以曹操"七十二疑冢"说的形成，还裹挟着一股"爱国情绪"。

其实，北宋以前，曹魏高陵在邺西的位置都是明确的，北宋政府甚至设置有守冢户。南宋史学家王明清在他的史学笔记《挥麈录》中，称北宋为"祖宗朝"，记述说：

"祖宗朝重先代陵寝，每下诏申樵采之禁，至于再三。置守冢户，委逐处长吏及本县令佐常切检校，罢任有无废阙，书于历子。……商中宗帝太戊葬内黄县东南阳，武丁葬西华县北。周成王、康王皆葬毕，在咸阳县界。汉文帝葬霸陵，在长安东南。南宣帝葬杜陵，在长安南。魏武帝葬高陵，在邺县西。晋武帝葬峻阳陵，在洛阳。后周太祖文帝葬成陵，在耀州富平县。隋高祖文帝葬太陵，在武功县。以上十帝，置三户，岁一飨以太牢。……此乾德四年十月诏也，著于甲令。其后又诏：曾经开发者，重制礼衣常服棺椁，重葬焉。"

这段话罗列了历代帝王葬地，明确说"魏武帝葬高陵，在邺县西"。又说宋朝皇室重视历代帝王陵墓的保护，通过禁止"樵采"，甚至设置专门的"守冢户"的办法，以防历代帝王陵墓遭到破坏。

换句话说，南宋时期的"史学圈"内，人们对魏武帝曹操葬在"邺县西"并无异议，北宋政府更是"置三户，岁一飨以太牢"，也即设置或指定三户规模的"守冢户"，以保护曹操墓[7]。

自北宋往前追溯，曹操葬于邺西从无疑问。公元645年，李世民率大军征高句丽，途经安阳，曾亲至曹操高陵致祭。《资治通鉴》记录了这一事件：癸亥，上（李世民）至邺，自为文祭魏太祖[8]。

李世民的祭文，史上称为《唐太宗皇帝祭魏武帝文》。祭文回顾曹操功绩，给予高度评价：

---

7. 陈长崎：《曹魏高陵考古补议》，《中国文物报》，2010年3月10日。
8. 司马光：《资治通鉴》卷一百九十七。

"昔汉室鼎分，群雄并立。夫民离政乱，安之者哲人；德丧时危，定之者贤辅。伊尹之匡殷室，王道昏而复明；霍光之佐汉朝，皇纲否而还泰。立忠履节，爰在于斯。帝以雄武之姿，常艰难之运。栋梁之任，同乎曩时；匡正之功，异乎往代……"

唐朝人知晓曹操葬于安阳西北，犹如今人知晓袁世凯埋在安阳西郊，从来不是什么秘密。时人以"西陵"称之，唐朝人乔知之的"共看西陵暮，秋烟起白杨"，刘禹锡的"日映西陵松柏枝，下台相顾一相思"中的"西陵"，均指曹操墓无异。

西晋继曹魏崛起，人们对曹操的葬地更是了然于胸。公元298年，西晋文学家陆机翻阅旧时文献，偶然读到曹操的《遗令》，触动伤怀，感慨之余，提笔写了一篇《吊魏武帝文》，其中有"怨西陵之茫茫，登爵台而群悲"一句，同样说明曹操高陵在邺城铜雀台西。陆机写下《吊魏武帝文》时，距曹操谢世仅七十余年。曹操墓的位置，断然不会错。

以上是文献中的记录。

不过有人以"学术规范"为借口，称文献是人写的，对一切文献记载都要保持怀疑态度，甚至直接说不要相信文献，尤其不要相信中国历史上流传下来的文献。

难道抛开文献就没有别的线索了吗？中国的考古学，常常在关键时候发挥威力。历年来安阳当地出土的几方北齐和唐朝墓志，也都明确记录了曹操高陵的位置。

杜达是一位北齐老者，曾被封为"龙骧将军"。他死时86岁，已是耄耋之年。他的墓志明确记录了他居于"邺城之西"而亡于大齐天保十年（559）。其葬地在"窆于豹寺西四五里"。墓志以"其地爽垲，四望坦荡，高陵崇栢"十二字描述杜达茔地的景观。其中的高陵，即指曹操墓。

又有一位将军夫人，死于北魏延昌四年（515）。齐代魏后，其家族于北齐河清元年（562）将其迁葬，与其夫合葬于邺城西北的漳河北岸。迁葬时后人给她修了一方墓志，称为《王敬妃墓志》。志文描述其葬地说：

"东眺铜爵，睹宫观之佳蔑；西瞰高陵，见青松之箫瑟。"

志文中"东眺铜爵""西瞰高陵"，显然是将曹操的墓址作为地理标志。

唐朝天宝五年（746），魏郡人柏道与其夫人合葬于邺县西南，同样留下墓志。志文清晰记录其位置：

"左魏武陵，右天官寺；前苍忙城，后衡漳水。"

有了上述墓志佐证，后赵时期的鲁潜墓志将曹操高陵作为地理坐标就更不奇怪了。从另一角度理解此事，足见北宋之前，曹操墓的位置根本不是秘密。

如前所述，曹操"疑冢"之说，实起于南宋。南宋之后，一些人对曹操"疑冢"深信不疑，除了受民间渲染，觉得曹操足够"奸诈"，豁得出去、做得出来之外，与"邺西"一带特定的地表面貌也有一定关系。

原来河北南部的磁县，即古邺城或古相州的西部，的确分布着众多的坟冢，远远望去，封土如林。这些坟冢在不明真相的人眼中，便是当年曹操设置的，从而总有人声称路过邺城西或者相

由京广线西眺可看到的"疑冢"之一，系东魏元善见墓（作者摄）

州西亲眼见过疑冢。

这些坟冢是北朝时期东魏、北齐的贵族墓葬，包括一部分北朝皇陵。1975—1977年考古部门组织力量对这些古墓进行调查，1980年将这些古墓命名为"磁县北朝墓群"，并定为河北省重点文物保护单位。1986年以来，考古部门再次全面勘查这些古墓，在磁县城南和西南，漳河与滏阳河之间的平原和西部山岗一带，大约南北15千米、东西12千米的范围内，发现墓葬134座。这些古墓原本都有圆形坟丘，部分坟丘保存到了今天。其中保存较好的前港村坟丘，现存坟丘东西121.5米，南北118米，高21.3米，当地人称为"天子冢"。想必宋代能够看到封土尚存的北朝墓葬会更多。

怎么知道这些墓是北朝墓呢？

原来这些带封土的墓，自明代起便开始有人发掘。明代崔铣曾提到当时挖出一墓，内有齐高阳王湜墓志[9]。清代末年，这里出土了一批墓志，均属东魏北齐时期[10]。20世纪50年代以来，经过考古发掘的墓葬也有十多座，大多出有墓志，也皆系北朝墓葬。此外，部分墓前尚存东魏、北齐时期的石刻人像、石羊等，有的还存有北朝墓碑。

1975年，考古学界又发掘了磁县东槐树村的一座墓。墓室内四壁有壁画，其中北壁的壁画是一幅"举哀图"，体现了典型的北齐时代绘画面貌和独特风格。墓中还出土陶俑381件，壁画和陶俑的时代一致。该墓的墓主人是北齐宗室大臣高润。

现今，河北省磁县古墓群已被国务院列为全国重点文物保护单位。

谜底至此解开：根本没有什么"七十二疑冢"，南宋以后特别是明清两朝人津津乐道的"疑冢"，包括磁县湾漳大墓，其实是北朝皇陵以及贵族的坟冢。

曹操为什么葬在安阳？

公元196年，曹操迎汉献帝刘协至许都。220年，曹丕受禅代汉称帝，建立魏国，改许为许昌。三国魏虽徙洛阳，但其宫室武库却仍在许昌，并列许都为其五都之一[11]。

---

9. 崔铣《彰德府志·地理志》磁州条云："疑冢在漳河南北，累累不绝，大小殊状，曰曹氏疑冢。往者岁荒，民盗发冢，皆有尸，其一为齐高阳王湜墓，志见存。"
10. 罗振玉：《邺下冢墓遗文二编》；赵万里：《汉魏南北朝墓志集释》，科学出版社，1956年。
11. 郦道元：《水经注·卷十·浊漳水》。

许都故城遗址，位于今许昌市张潘镇古城东南、营王村东。许都平面呈方形，城垣东西长1 300米，南北宽1 500米。但现今东、西、南三面城垣因历年烧砖取土被挖成了平地，仅北城墙还有一段蜿蜒起伏的残垣清晰可辨。遗址内坐落着盆李和甄庄两个自然村[12]，其中甄庄村发现了排水管道。历年还征集到铜戈、铜矛、铜爵、铜觚等遗物。城的西南隅还出土有四神柱础、龙虎纹青石方板、石碾，"万世千秋""千秋万岁"瓦当等，应是汉魏许都宫廷的建筑遗物。

　　文献中未见曹操死后葬于许都的记载，迄今也未闻许都遗址附近有曹操冢。

　　曹操迎献帝于许都后即开始东讨西征，他在许都的时间主要是中年阶段。公元204年夺取邺城后，邺即取代许都成为当时的政治、军事和文化中心。曹操的老年阶段主要住在邺城。

　　亳州是曹操的故里。

　　曹操刚刚起兵时，家乡亲族曾经给予他强有力的支持。但各种文献中，均无曹操葬于谯（今安徽亳州）的记载，也没有证据证明曹氏宗族墓中有曹操本人的墓葬。

　　魏文帝在曹操去世的当年，曾率领大军回过家乡，并大宴家乡父老[13]。

　　现在的亳州有曹氏宗族墓地，据说曹操的祖父、父亲就葬于

---

12. 黄留春：《许都故城调查记》，《河南省文物考古学会编：河南文物考古论集二》，中州古籍出版社，2000年。
13. 陈寿《三国志·魏书·文帝纪》："甲午军次于谯，大飨六军及谯父老百姓于邑东。"

此。墓地有东汉墓葬六十余座，但其中并无帝王级墓葬。已经发掘的十余座，推论其中包括曹腾、曹嵩、曹炽、曹胤、曹鼎、曹鸾、曹勋、曹水、曹宪等人的墓。

曹操为什么死后没有归葬老家？中国人不是讲究"落叶归根"吗？平民百姓死后不都葬于家乡村庄附近吗？

通常来看，帝王以"国"为"家"，死后在"国都"附近择地而葬是通行原则。所以西汉皇帝葬于西安附近渭水北岸的咸阳塬、鸿固原、白鹿原；东汉帝王陵墓则在洛阳附近的邙山择地而葬。朱元璋没有葬在老家安徽凤阳，而是安息于南京；自朱棣以后，明朝历代皇帝都归葬在北京附近，从而形成了今天的明十三陵。同样，清朝皇帝也没有葬回东北，而是选中河北易县和遵化的"吉壤"。

曹操身份比肩皇帝，并非平民。尽管亳州是曹操老家，但成人之后的曹操与家乡关系远淡，死后不选择亳州安葬实是情理之中。

问题是，曹操并未葬在东汉的帝都洛阳。公元220年曹操崩于洛阳之后移柩北上，葬在相距近300千米之外的安阳。

为什么是安阳？

真正的原因是：公元213年曹操被封为魏公，封地在安阳。公元216年曹操晋升为魏王，封地仍然在安阳，只是在原来封邑的基础上增加了十个县。曹操虽然死在洛阳，但他选择自己的封地为葬地是最合乎逻辑的。彼时的安阳重要且繁华，继袁绍盘踞，曹操对邺城加以扩建。曹操喜欢登铜雀台与武将痛饮、邀文臣高歌。许昌虽是曹操指挥官渡之战大胜袁绍的幸运之地，但已不在晚年曹操的关注之列。洛阳是汉献帝所居之处，作为臣子的曹操没有道理葬在天子眼前，必然排除洛阳。而彼时的老家亳州远在自己封邑之外，且临近前线，也不适合选为葬地。安阳作为自己封地的重心，便成为曹操死后安息入葬的唯一选择。

汉朝人对于生死，与今天大有区别。他们会在生前就对后事作出安排。曹操在其《终令》和《遗令》中，都曾谈及自己死后的归葬之地。

换句话说，葬于安阳是曹操的意愿。曹操死后，他的儿子曹丕等人只是按照曹操的遗嘱办事。曹操葬在安阳，本来就是极其明确的事情，不需要之一，也容不得之一。

话说到此，有人或许还有疑惑：曹操交代后人将自己葬于"邺西"，邺城不是在河北的临漳县吗？为什么曹操墓不是在河北临漳被发现，而是在河南安阳？

按现代的行政区划，邯郸与安阳分属两个不同省份。邯郸属河北，安阳属河南。没有到过这两个城市的人，或许会以为这是两个遥远的地方。实际上，邯郸与安阳是地理上紧密相连的两个城市。

如果时间倒回1 800年前，今天河北省邯郸的磁县、临漳县与河南的安阳县同属于邺。仅仅是现代行政区划将古代的邺地分割开来了。

西高穴二号大墓在今天的行政区划上虽属安阳，但地理位置上距磁县和临漳仅一河之隔。汉魏时期的漳河，曾经在磁县时村营乡中南部和讲武城乡一带绕道往东，从邺都到曹操葬地无水所阻。站在邺城的铜雀台上向西眺望，西高穴一带正在其西部。

带字石牌辨真伪

西高穴二号墓中出土的带字石牌是论证此墓为曹操墓的关键证据。可质疑者说,这些石牌是伪造的。辨伪,于是成为"挺曹派"的必要功课。

文物的真伪可以从多方面加以鉴定,如形制与功能、材质与工艺、皮壳特征、文字信息(字形、字体、文化内涵)、出土状况、组合关系、发掘过程等。造假文物几乎在每个环节都会露出破绽。而事实上,西高穴二号墓中的文物,无论是发掘过程中现场出土的,还是公安部门收缴的,都经得住检验。

形制与功能

被质疑者视为"挺曹派"关键证据的带字石牌共计66块。包括两类:六边形石牌55块,圭形石牌10块。另有1块石牌残损严重,形制不明。

六边形石牌的基本特征是:通长约9厘米,宽4.8厘米,厚

曹操墓出土的六边形刻字石牌

0.8厘米。下部为长方形，上部两边各抹去一角，整体呈六边形；抹角一端钻有小孔，有的孔内穿有铜链条；正反面打磨平整，正面刻字。

圭形石牌：通长约11厘米，宽约3.15厘米，厚约0.8厘米。

曹操墓出土的圭形刻字石牌（潘伟斌供图）

任何一个时代的墓葬，随葬品的准备都十分讲究，绝非随意放置。自战国以来，高等级的墓葬，随葬品都是按功能"配置"好的，而且进入墓葬时都要进行登记。用来登记的东西被称为"赗方"或"物疏"。现代学者根据《仪礼·既夕礼》"书遣于策"的记载，称之"遣册"。也有学者称之为"石楬"。

20世纪60年代中期发掘的湖北江陵望山二号墓是一座战国时期的墓葬。该墓平面呈甲字形，墓道在东。葬具有一椁三棺。虽然被盗，墓内器物仍然较丰富，不含竹简共出土了617件。分别放置在墓葬的东室、南室。东室放置祭器、燕器（日常生活用品）、乐器、兵器、车马器、葬仪用器，具体有鼎、敦、竹笥、壶、漆耳杯、玉带钩、木俑、漆木瑟、漆木虎座鸟架悬鼓、铜镞、镇墓兽等。南室放祭器、燕器、乐器、车马器、竹简，包括漆木四矮足案、六足案、八足案、漆木大房俎、小俎、漆木勺、铜剑等。无论东室还是南室，功用相同的器物一般放在相近的地方。

其中的 66 枚竹简，主要是"遣册"。遣册所记物品有明显的分类，只是出土时多残断，加上墓葬被盗造成的随葬品缺失，遣册与实际随葬器数并不相符。

墓葬中随葬遣册、赗方之风在汉代尤盛。以往考古发现的"尹湾汉简"就有"刀二枚""笔二枚""管及衣各一"等字样。

西高穴二号墓中的六边形石牌的正面记随葬品名称及数量，如"书案一""刀尺一具""圭一""璧四""木墨形清""胡粉二斤"等。这种石牌实际上是物疏或称"遣册"。曹操生前作有《上杂物疏》，即按物品类别分类的清单。

与六边形石牌不同，圭形石牌记器主和器物名称，却不记数量，而且一牌一物，成对出现，如"魏武王常所用挌虎大戟"石牌、"魏武王常所用挌虎短矛"石牌和"魏武王常所用挌虎大刀"

河南洛阳西朱村曹魏墓 M1 出土石牌

石牌。这些石牌的上部有一孔，孔间有一铜环，环上连一铜链。功能可能与前一种石牌有所不同，是更特殊的"物品标牌"。

作为"物疏"，两种石牌都符合汉代丧葬习俗，其形制更是有汉代同类文物佐证。曹操墓发掘数年之后的 2015 年，河南洛阳西朱村发现一座曹魏大墓，墓内即出土了形制和尺寸与之相似的石牌，甚至文字的表达方式（物名＋数词＋量词）也完全一致，足可证西高穴二号墓中出土的石牌不是孤例。现代人若要"造假"，必须了解此种石牌的存在及其形制、尺寸，还有刻字方式。具有这种"知识储备"的作伪者，天下能有几人？

材质与工艺

质疑者说，带字石牌是考古队找人在河南南阳张衡街订制后埋在墓中，再让人挖出来的，并且煞有介事地说，这样的青石牌子在南阳张衡街到处都是，并且十分便宜。

倘若果真是考古队在张衡街"订制"了石牌，且不说会面临制作者"举报"的风险，即便"订制者"和"制作者"的"职业道德"爆棚，直到今天都守口如瓶，他们选用的"青石"能经得起检验吗？

对于非专业人士而言，"青石"只是青色的石头，但对于专业人士来说，西高穴二号墓中的"青石"应该称为"石灰岩"，准确地说应该称为"鲕状灰岩"。如果拿显微镜观察，石牌上有肉眼不易观察到的鱼子状结构。西高穴二号墓发掘之后的第二年，中国社会科学院考古研究所的考古队在太行山上碰巧找到了这种"鲕

曹操墓出土石牌放大后呈现的"鲕状"（鱼子状）结构

状灰岩"，足以说明西高穴二号墓石牌选用的石材，其实正是安阳本地太行山上的。所谓张衡街造假，实属无稽之谈。

质疑者又说，带字石牌是假的。因为石牌的一端开有小孔，小孔内还穿有铜套环链条。汉代怎么可能有套环链条呢？

发出此种质疑言论的人，只好建议他不要信口雌黄，而是去关心一下商代青铜器。他一定会在商代青铜器上，看到3 000年前商朝人大量制造的带套环的铜链条。而商朝，比曹操那个时代早1 300多年。

皮壳特征

文物收藏家喜欢用"皮壳"二字描述文物表面的综合特征，以鉴定文物的真伪。新近制造的文物，器物表面会留下新的工艺痕迹，而"老物件"的表面，由于氧化等原因，其皮壳富于变化。

西高穴二号墓出土的带字石牌，表皮布满水垢和土垢。如果这些石牌是张衡街订制或新近伪造，一定会有氧化不足的痕迹。

曹操墓出土石牌上的氧化情形以及水垢、土垢

文字信息

有网友强硬地说，在石牌上刻几个字还不容易？这只能说明他小看了写字的难度。

难道真的只是几个字吗？完全不是。无论是"魏武王常所用挌虎大戟"，还是"黄豆二升"，将文字信息拆开，其中至少包含字形、书体、物名、语法和文化内涵等不同侧面。造假者要在每个方面都不留"破绽"，其实十分困难。

字形：圭形石牌和六边形石牌中的每一个字，都有固定的字形。每个字的结构特点，必须符合汉代的特征。圭形石牌上的"魏"字、"武"字，结构均与今天不同。例如"武"字的写法，左上一笔是穿过勾笔的，而"魏"字，结构中还保留了"山"的部分，并且该部分写在"委"部的右下方。这些都是汉代文字的时代特征。

圭形石牌和六边形石牌中的"魏武王"字样

网友的诸多"指控"中，有一条认为西高穴二号墓出土石牌中出现了简体字，因而石牌是现代人伪造的。他们的逻辑是：简体字是现代创制的，怎么可能出现在曹操墓中呢？

其实这是一个知识盲点。

以1986年新版《简化字总表》为准，从《总表》的第一表、第二表中选取388个字头（含简化偏旁）进行了现行简化字的溯源研究。 这项研究所得出的数据如下：		
始见于先秦	49字	12.63%
始见于秦汉	62字	15.98%
始见于魏晋南北朝	24字	6.18%
始见于隋唐	31字	7.99%
始见于宋（金）	29字	7.47%
始见于元朝	72字	18.56%
始见于明清	74字	19.07%
始见于民国	46字	11.86%
始见于中华人民共和国成立后（截至1956年《汉字简化方案》公布）	1字	0.26%

历史上的简体字调查表（作者据中国文字博物馆展板绘制）

中国现代通用的简体字，其实本是古人创造的。中国文字博物馆有块展板以1986年新版《简化字总表》为依据，从《总表》中第一表、第二表中选取了388个字头进行简化字溯源，得出的结论是：现行简化字始见于先秦的共49字，占所选388字的12.63%。1956年的《汉字简化方案》中，只有一个字是1949年后创造的，即窗帘的"帘"字。

曹操墓石牌出土的简体字"机"

西高穴二号墓中有2块六边形石牌，分别刻写有"五尺淶薄机一"和"水軟机一"。其中两个"机"字都写成了简体字（按多数人的想法，应该写成"機"），而实际上，简体的"机"字本来就是汉代文字。此字后来被1956年的《汉字简化方案》选中。许多人不知其详，以为"机"字是今人创造，故视之为造假的铁证。

下图是1件北宋瓷碗。碗底有四个毛笔写就的字：万事和合。正常情况下，此四字应该写成"萬事和盒"，但实际情况是"萬"写成了"万"，"盒"写成了"合"。可见简体字在古代并不鲜见。

宋代瓷器上的简体字"合"（盒）与"万"（萬）
（作者摄，刘子或图片处理）

书体：书体即书写风格。汉字的书体，风格因时代而变。大致按照大篆、小篆、秦隶、汉隶、楷书等"进化"。西高穴二号墓出土石牌的文字，正是东汉晚期流行的书体风格，其最大的书写特征是笔画的起笔与末笔都加宽或出现"波磔"，呈现一种类似蚕头雁尾的结构。有人以"八分体"概括这种字体。西高穴二号墓带字石牌的字体正有这些特征。

物名：圭形石牌和六边形石牌作为"物疏"或"石楬"，核心是罗列物品名称。物品名称的特点，必与其时代相呼应。所以我们看到其中有"樗蒲床""胡粉""渠枕""丹绡襜""大戟""短矛"一类概念。66块石牌，众多物名，若是造假，难免露怯。

语法：无论是圭形石牌还是六边形石牌，其上文字虽然不多，但不同的词汇凑在一起，必须符合当时的语法特点。六边形石牌的语法是"物名＋数词＋量词"，圭形石牌的语法是"主语＋定语＋定语＋名称"，形成"物疏"或"石楬"的汉式表达。若圭形石牌是后人假造，几乎不可能了解这种特定的表达方式。

曹操墓出土石牌记录的物品名称与语法特点

文化内涵：除了字形和书体，文字背后更复杂的是文化内涵，也即文字所表达的深层含义。倘若圭形石牌和六边形石牌是假造物品，几乎不可能不在文化内涵上露出破绽，毕竟掌握文字背后的内涵太难了。

以"魏武王常所用挌虎大戟"为例。其中的文化内涵，包括"魏武王"的身份、"常所用"的表达、"挌虎"的习俗、"大戟"这种兵器，皆不是随意可以信手拈来并搭配在一起的。魏武王是曹操，他所处的时代正好是流行以"挌虎"表达勇武的时代。这种词汇搭配与文化内涵的一致，不是造假者能够"创造"的，而是圭形石牌制作者处在那个特定时代"自然而为"的结果。

又以六边形石牌为例，"粉"以"斤"论，"袜"以"量"论，处处显示出时代特征。造假者功力再强，也不可能做到完美而不留破绽。

所有的出土文物，无论其名称如何、功能如何，全部都是东汉晚期的风格。任何造假者，就算是一等一的考古学家，也无可能具有"将全部文物制造成东汉晚期风格"的能力。

有些词汇，听起来耳熟，好像是今天的常用词，但经过考证，其实都是三国或魏晋时期的常用语。例如"魏武王常所用挌虎大戟"中的"常所用""挌虎"等词，都是三国时的社会常用语。

"常所用"和"挌虎"的使用其实也是一种文化现象。

《三国志·吴书·周泰传》裴松之注引《江表传》记录孙权事迹，就有"敕以已常所用御帻青缣盖赐之"的话。记录刘宋事迹的文献《宋书·萧思话传》卷八十八也有"初在青州，常所用铜斗"的记载。可见"常所用"实为东汉末年至南北朝时的社会常用语。

"挌虎"即"格虎"，与老虎争搏，也是勇猛的意思。格虎的用法古已有之。《史记·殷本纪》说殷纣王能够"手格猛兽"。《汉书·东方朔传》亦说到汉武帝行猎"手格熊罴"的行为。《三国志·魏书·任城威王彰传》记任城威王曹彰"少善射御，膂力过

南阳画像石的东汉"挌虎"画像石拓片
（引自南阳汉代画像石编辑委员会编：《南阳汉代画像石》，文物出版社，1985年）

人，手格猛兽，不避险阻。数从征伐，志意慷慨"。意思是少年时代的曹彰善于骑射，膂力过人，可以徒手与猛兽搏斗，而且不怕艰险。多次随军战斗，意志坚强。《魏书》卷九十五载有："遣司虞中郎将贾霸率工匠四千，于东平冈山造猎车千乘……格虎车四十乘……"；《全梁文》卷二十六"常僧景等封侯诏"条有"宣阁格虎队主马广"等。

可见"挌虎"和"常所用"一样，都可以作为古代文化现象的物证[14]。

地层关系

"埋地雷"是质疑者"合乎逻辑的推想"。将一批伪造的石牌埋入墓中，再由他人挖出，几乎是完美的造假。但这种质疑忽视了地层证据。

考古学之所以是科学，是因为这门学科有颠扑不破的"地层学"可以依靠。

"地层学"原理其实十分简单：但凡人类动过的地层，其物质内容、层理特征（松软程度和颜色）均可以观察分辨。简单地说，若是真有人"埋地雷"，地层不可能是原生地层。然而在考古队留下的发掘照片中，可以清晰地看到，墓葬中的六边形石牌位于长期埋藏才能形成的"地层"中。下图显示出数枚石牌被墓中同出的铁铠甲"叠压"所形成的地层关系。倘若石牌是新埋入的，如

---

14. 王子今：《关于曹操高陵出土刻铭石牌所见"挌虎"》，《中国社会科学报》，2010年1月19日，第2版。

曹操墓文物出土时的"地层关系",虽有扰动,但难以造假(潘伟斌供图)

何将其置于这副长满铁锈的铠甲之下而不导致土质疏松呢?唯一的结论是:石牌与铁铠甲的地层关系绝非新近形成的。还有,一些石牌被发现于易碎品的下部,甚至被锈蚀的帐构件所压,没有翻动的痕迹,当然不可能是后人制造的"假文物"。因此,石牌是后人造假,人为"埋入"的指控完全没有依据。

组合关系

组合关系,是考古学的常用概念。几乎可以肯定怀疑石牌造假的指控者均非考古学圈内人。因为看得出他们没有觉察到古墓中的文物还存在"组合关系"。

组合关系可以简单地理解成考古发掘单位中器物的共存关系或者成套关系。在考古人眼中,墓葬便是独立的考古发掘单位。

曹操墓出土的铁镜以及同墓出土的"镜台一"物疏

墓葬中的随葬品，相互之间并不是割裂的，而是出于某种原因"组合"在一起的。例如商代晚期墓葬中，铜觚与铜爵往往相互成套，形成1觚1爵、2觚2爵的"组合"。春秋贵族中，鼎与簋的组合更是具有很强的规律性。9鼎8簋、7鼎6簋、5鼎4簋，显示墓主人不同的身份地位。

组合的另一种情况是配套。配套是强组合。即随葬了A，便一定有B。曹操墓质疑者指控说，考古队派人在南阳伪造了石牌，然后将石牌埋入墓中。然而石牌作为"物疏"或者"石楬"，其上的文字其实是与某种特定的随葬品相关联的。断非简单"伪造"1块石牌便能简单了事。举例来说，石牌"胡粉二斤"，意味着墓葬中定然随葬有二斤胡粉；石牌"镜台一"，就意味着墓葬中定然随葬有镜子；石牌"渠枕一"，则意味着墓葬中必然随葬有渠枕。质疑者信誓旦旦地说，考古队伪造了石牌，殊不知墓葬中出土的锈迹斑斑的铁镜、刻有"魏武王常所用慰项石"的

163

石枕等，与六边形石牌形成严格的呼应关系，证明石牌并非伪造的。

发掘过程

鉴别文物造假，各种情况并不相同。脱离考古遗址的文物，鉴定时只需关注文物本身，而鉴定考古出土的文物则要考虑上述地层、组合关系等一系列因素。将"提前伪造"的文物埋入墓葬之中，然后让人"发掘出来"，岂可与收藏家鉴定手中的文物同日而语？

曹操墓发掘过程中，有科研人员，有技师，更多的是当地征用的作为民工使用的群众。如果有人现场造假，谁能确保"埋地

曹操墓发掘工作照，显示多人一同作业（潘伟斌供图）

雷"而不穿帮？

回过头来看，当初一部分人指责考古关键文物造假是多么幼稚。无论是地层关系、组合关系、带字文物的材质、工艺、皮壳，还是文字背后的字形、字体以及文化内涵，均可断然排除造假的可能性。

读懂鲁潜墓志

徐玉超发现的后赵鲁潜墓志，的确是论述西高穴二号墓是曹操墓的关键文物之一。这方墓志若是假的，则无法论证墓主人有过"从魏武王到魏武帝"的身份转换。

质疑者论述鲁潜墓志是现代人伪造的，依据逻辑是：墓志开局说鲁潜的入葬时间是建武十一年的"十一月丁卯朔"，但志文随后陈述说鲁潜"以其年九月廿一日戊子卒，七日癸酉葬"。有人因

> 赵建武十一年，大岁在乙巳，十一月丁卯朔，故大仆卿驸马都尉勃海赵安县鲁潜，年七十五，字世甫，以其年九月廿一日戊子卒，七日癸酉葬。墓在高决桥陌西行一千四百廿步，南下去陌一百七十步，故魏武帝陵西北角西行卌三步，北回至墓明堂二百五十步，陈上党解建字子泰所安，墓入四丈，神道南向。

鲁潜墓志原文（图为编辑所加）

此产生迷惑，这不就是说鲁潜死于当年的九月二十一日，七日之后的癸酉灵柩入土吗。前面所说的"十一月丁卯朔"是鲁潜入土为安两个月以后的事，与九月的"癸酉葬"岂非前后矛盾？在他看来，这种矛盾是考古队作伪水平低劣所造成的。

果然是这样吗？当然不是。

读懂这方墓志，需要一定的古代历法知识。实际上，这方墓志说的是：鲁潜卒于该年九月廿一（这一天按干支纪年是戊子日），葬于十一月丁卯朔之后的癸酉日（"丁卯朔"的"朔"指初一，即十一月初一，这一天以干支纪年是丁卯日）。"丁卯"和"癸酉"正好相差七日，故志文说"七日癸酉葬"。正确解读便能发现，志文前后并无矛盾。

| 天干： | 甲 | 乙 | 丙 | 丁 | 戊 | 己 | 庚 | 辛 | 壬 | 癸 |
| 地支： | 子 | 丑 | 寅 | 卯 | 辰 | 巳 | 午 | 未 | 申 | 酉 | 戌 | 亥 |

天干地支（图为编辑所加）

两个月的时间差，是因为在汉魏时期贵族亡故后停柩两个月入葬是正常现象。《三国志·魏书·武帝纪》便明言曹操崩于正月，葬于二月。鲁潜之葬，与此相合。

至于"大岁在乙巳"这一句，后赵之时，既以帝王的"年号"纪年，同时也以"岁星纪年"。这正是那个特定时代的纪年习惯。整个志文，绝无半点"作伪"的痕迹。所谓鲁潜墓志造假，纯属没有读懂志文所导致的。

唐朝黄豆蹦进了曹操墓？

关于唐朝黄豆"蹦"进曹操墓一事，其实可以作出最简单的回答：虽然黄豆最早见于唐代文献，难道就不兴考古发现将黄豆在中国的出现时间"提前"到东汉吗？若真这么回答，网友一定认为这是考古队在"硬杠"，是强词夺理。

其实用不着这么辛苦。农业考古早已证实，距今4 000年前，黄河流域的龙山文化或齐家文化居民便已广泛种植大豆[15]。

质疑者会说，这里说的并不是黄豆的起源，而是"黄豆"这一词汇的出现和使用。以前即使有黄豆，用的是别的词，比如"菽"。以黄豆指大豆，最早的文献是唐朝的。现在西高穴二号墓出现"黄豆"一词，怎知不是造假？

曹操墓出土的"黄豆二升"石牌

---

15. 赵志军：《有关农业起源和文明起源的植物考古研究》，《社会科学管理与评论》，2005年第2期。

撇开考古资料可以修正传世文献；撇开考古发现常常可以提前某些物品的最早出现年代。我们仍然看证据：

1935年，山西省发现一座东汉墓葬。墓内随葬文物中有一件陶罐，其上赫然用朱砂写着"黄豆、瓜子"四字。这件陶罐上的字被称为"张叔敬瓦缶丹书"。

即使黄豆概念在传世文献中果真始于唐朝，考古发现汉墓中已有"黄豆"二字，难道视而不见吗？

"挌虎大戟"是自用品还是赏赐品

"魏武王常所用挌虎大戟""魏武王常所用挌虎大刀"和"魏武王常所用挌虎短矛"等都是圭形石牌上的文字。实际上同墓中还出土有"魏武王常所用长犀盾"。质疑者说，此处的"挌虎大戟""挌虎大刀"和"挌虎短矛"等不能理解成"魏武王"自己的，很可能是"魏武王"赏赐给某位将士的物品。

"挌虎大戟"和"挌虎短矛"作为自用品和作为赏赐品，其本质区别在于：若是自用品，则墓主便是魏武王曹操；若是魏武王针对别人的赏赐品，则墓主便一定不会是曹操，而是那位接受魏武王赏赐者。受赏者将受到赏赐的物品随葬在自己的墓中，以显荣耀。

两种解释若是二选一，哪一种是更合理的解释？

首先必须注意到，上述石牌均明确写有"魏武王常所用"。"常所用"三字，无论解释成"经常使用"还是"曾经使用"，都是自用之物。再者，"戟、刀、矛、盾"四样各不相同，显然是成套兵器。这样的物品，主人亡故之后随葬墓中合乎情理，但用于赏赐他人，尤其是成套地赏赐他人，可能性极低。因而他们是墓主人的自用品，或者说是魏武王本人生前的"常所用"之物。

墓主身份与陶圈厕

西高穴二号墓中发现1件陶圈厕。此事让许多人百思不得其解。养猪是民间的事情，曹操贵比帝王，怎么可能会随葬"陶圈厕"呢？因而觉得陶圈厕的发现，降低了墓主人的身份。反过来说，便可否定墓主是曹操的论断，毕竟曹操不是个养猪的。

考古研究靠实证而不是靠想象。认为西高穴二号墓出土有猪圈，从而推断墓主身份不高，完全是基于现代农村生活一厢情愿的推测。南京师范大学一位研究生，趁曹操墓事件争议正酣，出手对田野考古中东汉时期陶猪圈的出土情况作了统计，结果让人

曹操墓出土的陶圈厕

大出所料：考古发掘证明，东汉陶猪圈不仅不是身份低下的标志，反而是身份高贵的标志。在已经正式发掘的东汉王陵中，除一座被盗外，几乎都出土了陶圈厕。

陶器与金玉

西高穴二号墓虽然被盗，仍然发现大批陶器。经过修复发现共计有250多件，均为明器。这些陶器是经过严格配置的，种类包括礼器、厨房用器、餐饮用器、日常生活用具、生活设施、文房用具等。

礼器：鼎12件。

厨房用器：陶灶、甑、釜、炙炉、盆、尊、三足盘等。其中陶灶4件、甑4件。

餐饮用器：案8件（6件长方形，2件圆形）、陶盘24件、陶碗15件、陶壶4件、陶卮4件、陶耳杯51件（大小不一）、陶豆15件、瓢勺7件、漏勺10件。

曹操墓出土的陶井、陶盆

日常生活用具：多子槅、熏炉、三足中空盆、熨斗、器盖。

生活设施：井1件、圈厕1件、磨1件。

文房用具：陶砚台1件。

陶俑：人物俑2件、动物俑3件。

其他：龙头器柄、扁长方形器柄、簪、支架等。

这些陶器形体偏小、工艺粗糙、装饰简单，似乎仅具象征意义。说明墓主实施的是薄葬，却同时又以陶器的配置"标明"墓主人的高贵身份。例如随葬的陶鼎数量多达12件，器形虽小，但数量堪称天子规格。

曹操墓中还发现有部分金银器和玉器，但数量不多。

既是"薄葬"，为什么会有金银？

曹操墓中随葬的物品分为两类。第一类是"常所用"的物品，第二类是曹操死后人们专门为其准备的物品。墓葬中的大部分物品，实际上都属于第一类。这些金银玉器也当如此，甚至可能是衣物箱笼上的点缀之物。随葬这点东西，并不违反曹操自己定的"金珥珠玉铜铁之物，一不得送"的遗令，更不能说明曹操墓实施了"厚葬"。

碳十四或热释光断代很难吗？

碳十四和热释光是考古学中常用的两种测年方法。为什么曹操墓的年代测定没有采用这两种方法呢？有网友质问：碳十四或热释光断代很难吗？

实际上，采用碳十四或热释光断代是再容易不过的事情，但实施这两种方法断代之前，先要看是否必要。就西高穴二号墓的年代考订来说，碳十四测年和热释光测年均无必要。墓葬出土文物相对丰富，考古队已经完全能够通过出土器物准确给出墓葬年代，断定为东汉末年；相反，无论是碳十四还是热释光，其测年结果难免出现各种误差。墓内零星发现的木制品，碳十四检测之后很难做到像随葬品给出的"东汉末年"这样准确；而热释光方法更是只能够给出大致的年代范围。如此宽松的年代范围，对于讨论墓主人是否是曹操，难以满足要求。既然考古类型学方法，特别是文字本身所携带的年代信息，已将西高穴二号墓的年代定在东汉末年，再以碳十四或热释光测年求取一个大致范围，无异于"画蛇添足"。

当然这只是就碳十四或热释光测年的"必要性"而言。考古界并不反对测年。若非要测年，又有何不可呢？

为什么不检测人骨DNA？

西高穴二号墓中发现了三枚人头骨以及少量人的肢部骨骼。墓葬本身的"内证"可证明那枚年龄60岁以上的男性头骨应该就属于曹操本人。

不少人追问：现代科学技术发达，墓葬的骨骼是否是曹操，做一下DNA分析不就可以验证了吗？据说还有曹姓人士自称曹操家族后裔，自告奋勇，愿意为曹操的研究提供比较标本。

其实这同样是一个类似于要求对文物做碳十四或热释光的想法。给西高穴二号墓的人骨做DNA分析，如果不是没有意义，至少也是一个"得不偿失"的建议。

至少有五个理由支持上述说法。

A：人死以后，他的 DNA 分子会降解，也就是说，遗传物质会随着时间的推移不断减少。时间越长，能够从骨骼中提取基因片断的概率就越小。能否从古代骨骼标本中成功提取 DNA，很大程度上取决于骨骼的保存程度。西高穴二号墓中的人骨标本保存状况都不大好，成功提取的概率很低。

B：人骨 DNA 的实验，需要严防标本污染。西高穴二号墓在下葬以后的 1 800 余年的历史中，曾经多次被盗。仅 2006 年以来，便有多批盗墓分子进入过墓室中，甚至连曹操的头骨也被从后室抛置于前室。实验过程中要清除这些污染几乎是不可能的。

C：即便提取 DNA 成功，又将面临没有可资比较研究的参照标本。而用于比较的 DNA 标本当然必须来自确凿的曹氏后人。然而 1 800 年后的今天，又有谁能说他就是真正的曹操后人呢？

D：西高穴二号墓的其他考古证据已经足以证明其中的男性头骨属于曹操。仅仅为了"验证"这一结果做 DNA 检测没有必要。

E：好的考古发掘工作，必须时刻将文物保护铭记在心。西高穴二号墓中最有价值的文物，既不是"魏武常所用挌虎大戟"石牌，也不是"魏武常所用挌虎短矛"。最重要的文物，无疑是曹操的头骨。我们应该以百倍于法国人保护名画《蒙娜丽莎》的努力来保护曹操的人头骨。而现代的 DNA 测试，都是有损试验阶段，我们有什么理由让曹孟德 1 800 年后再惨遭伤害呢？

为何没有出墓志或印玺？

在考古工作中，许多墓葬墓主人的身份都是通过墓志确认的。

墓志是一种载有墓主信息的特殊随葬品。通常是石质、砖质，也有少量铁质或瓷质的。南北朝，特别是唐、宋以后墓葬中，墓志不仅写明墓主人的姓氏，还将其籍贯、年龄、经历一并说明。

西高穴二号墓为什么没有发现墓志？还是本来有墓志，被盗墓贼盗走遗失了呢？

两汉时有"告地状"，通常书写在木牍上，记录死者姓名、籍贯、丧葬时间、随葬品清单。东汉时，墓葬内又出现墓砖铭，简单记录死者的姓名、籍贯。墓志即由两汉时的"告地状"或"铭文砖"发展而来[16]。

严格意义上的"墓志"，南北朝以后才出现。东汉、曹魏、西晋时，正处在墓志起源的阶段。这一时期墓志的形式和内容都还没有定型（例如晚于曹操墓125年的后赵鲁潜墓志，其内容就未定型）。

墓志不是墓葬中的必需随葬品。中国古代，墓志限于文武百官或中、下层人士使用。帝王死后用的是"哀册"，以墓志随葬者尚无先例。

"哀册"是帝王专用记录祭文的文件。20世纪80年代，北京丰台王佐乡史思明墓所出的哀册为汉白玉材质，阴刻文，字口填金。因为史思明在"安史之乱"时称过帝，因此有资格使用哀册。

---

16. "告地状"为墓志的滥觞。参见赵超：《墓志溯源》，《文史》第二十一辑，中华书局，1983年。

唐乾陵陪葬墓懿德太子墓也出土了哀册。表面上看违背礼制，实际是"号墓为陵"，享有帝王级待遇，故并非违制。

曹操一生未称帝，按制不能使用"哀册"。因此曹操墓中不出土墓志和哀册，都属正常。如果出土了墓志或哀册反倒不合理。

曹操墓中没有随葬印玺，可从曹操儿子曹植的《武帝诔》中找到线索。《武帝诔》记述了曹操下葬时的情景，其中两句特别提到"玺不存身，唯绋是荷"，意思是说，为了严格地遵守曹操的遗令，曹操生前所用的印玺都没有随葬。

墓主为何不能是梁惠王、石虎、冉闵、高欢或者曹奂？

勤快的质疑者发现西高穴二号墓出土的"魏武王常所用挌虎大戟""魏武王常所用挌虎大刀"和"魏武王常所用挌虎短矛"等文物将墓主直指"魏武王"，于是迅速找出历史上多位能与"魏武王"扯上关系的人物：

魏击（？—前371）：魏文侯之子。三家分晋后魏国第二任君主。死后其子魏䓨于大梁称王（即梁惠王）后，追尊其为"武王"，算是我国历史上最早的"魏武王"。

石虎（295—349）：后赵皇帝。曾将国都迁至邺城。公元349年病逝葬于邺城，安葬在显原陵，庙号太祖，谥号武皇帝。

冉闵（约322—352）：公元350年建"冉魏"，后被追封为"武悼天王"。文献谓有"左杖双刃矛，右执钩戟"之勇。352年战死，仅活了30岁左右。

姚襄（约330—357）：羌人。东晋升平元年（357）五月与前秦军交战时在关中被杀，年27岁。姚苌称帝后追谥姚襄为魏王，谥号为武。也即"魏武王"。

高欢（496—547）：东魏权臣，一生征战，死后谥为"武王"。东魏武定八年（550），高欢之子高洋废黜东魏孝静帝元善见，建立齐国，史称北齐。高洋追尊高欢为太祖献武帝，后被改尊为高祖神武帝。

质疑者一方面否定西高穴二号墓是曹操墓，另一方面急于找出他们认为的"墓主"。上述人物，都沾一个"武"字，而且与"魏"有关，于是以残缺知识大开张冠李戴之游戏，将上述人物排了个遍。有人说墓主是魏武侯，有人说是冉闵，有人说是姚襄，有人说是高欢……

其实仅年代一项，上述人物便与西高穴二号墓不合。有人坚持说西高穴二号墓的墓主是曹奂。曹奂是曹魏末代皇帝，死时已是公元302年，距西高穴二号墓的年代已有八十年之久。时间跨越八十年，实物用品和生活风俗早已发生巨大变化。站在曹奂所处的时代，如何解释西高穴二号墓中的文物古董？更不要说晚于东汉末年百年之久的石虎和数百年之后的高欢。再者，冉闵战死时才30岁，姚襄更是30岁不到。西高穴二号墓中60岁以上的男性头骨，如何配得上这两个年轻的脑袋？再者，姚襄是与前秦作战在关中被杀，死后应葬在秦地而不是邺（当时邺地已属燕）。

西高穴二号墓该如何命名？

西高穴二号墓既然是曹操的墓，那么，这座墓应该怎样定名最合乎历史实际?

自西高穴二号墓发现以来,已经出现过多种名称,如东汉大墓、曹魏大墓、曹操高陵、曹魏高陵。听起来不是问题的问题,实际似乎已经发生某种"混乱"。

曹操是个历史人物。他有自己的时代、有自己特定的身份。曹操虽然被尊为曹魏的"高祖""武皇帝",但死在东汉末年,故称"曹魏大墓"明显不妥。

《三国志·魏书·武帝纪》:"谥曰武王。二月丁卯,葬高陵。"曹操死后,曹丕等呼其墓为"高陵"。

曹植《武帝诔》:"既次西陵,幽闺启路。群臣奉迎,我王安厝。"其中将曹操墓称为"西陵"。这是在"高陵"定性的基础上,加上了地理的概念,因此也是可以的。唐朝以前很多诗人将曹操墓称作"西陵",是因为他们作诗时均在邺城或者相州。

命名古代大墓,地理位置通常不是首要的考虑条件,基本"要素"是人名与身份。

常人之墓为墓,皇帝之墓为陵。虽然将西高穴二号大墓称为"曹操墓"简单明了,但未将曹操"生前等同皇帝",死后被追认为"武皇帝"的身份表达出来。比较合乎传统文化的称呼是"曹操高陵"或"魏武帝高陵"。

考虑到"曹操"在中国人心目中不仅仅是个历史人物的名字,更是文化符号,无论西高穴二号大墓如何命名,"曹操"两个字或许都应该保留。

因此,西高穴二号墓的最佳名称应该是:曹操高陵。

第五章

高陵里的曹操印象

> 东临碣石，以观沧海。
> 水何澹澹，山岛竦峙。
> 树木丛生，百草丰茂。
> 秋风萧瑟，洪波涌起。
> 日月之行，若出其中；
> 星汉灿烂，若出其里。
> 幸甚至哉！歌以咏志。
>
> ——曹操《观沧海》

> 往事越千年，魏武挥鞭，东临碣石有遗篇。
> 萧瑟秋风今又是，换了人间。
>
> ——毛泽东《浪淘沙·北戴河》

曹操的《观沧海》与毛泽东的《浪淘沙·北戴河》，是中国两位重要历史人物穿越千年的对唱。当年曹操北征乌桓，回师中原路经碣石，诗兴大发，写下《观沧海》时，不会想到千余年后会有另一位伟人与其"以文会友"。

《三国志》和《三国演义》分别描绘了不同的曹操。历史上的曹操是英雄，《三国志》基本上如实作了记叙和评论，但《三国演义》则把曹操描绘成了奸臣。因为《三国演义》通俗易懂，看的人多，甚至民间各种版本的三国戏也都是按《三国演义》为蓝本编造的，所以曹操在旧戏舞台上也是白脸奸臣。曹操的奸臣形象，便随着小说和旧戏在民间定型。

1959年，郭沫若公开撰文认为，曹操生前灭豪强，抑兼并，济贫弱，兴屯田，为汉末混乱的社会带来了秩序；他平定乌桓、维护统一，更带来了建安文学的繁荣。

他认为："曹操对于民族的贡献是应该作高度评价的，他应该被称为一位民族英雄。然而自宋以来所谓'正统'观念确定了之后，这位杰出的历史人物却蒙受了不白之冤。自《三国志演义》风行以后，更差不多连3岁的小孩子都把曹操当成坏人，当成一个粉脸的奸臣，实在是历史上的一大歪曲[1]。"

翦伯赞赞同郭沫若的意见说："在我看来，曹操不仅是三国豪族中第一流政治家、军事家和诗人，并且是中国封建统治阶级中有数的杰出人物[2]。"

随后，学术界掀起了关于如何评价曹操的前所未有的大讨论，可谓盛极一时。

这次讨论使曹操的形象在学术界有了重大改变。

即使不同意翻案的学者谭其骧也承认，"曹操是一个有优点、有缺点，功劳很大，罪孽也不小的历史人物。从全面看问题，总的评价应该是功过于罪[3]。"

曹操究竟是个怎样的人物？

---

1. 郭沫若：《谈蔡文姬的〈胡笳十八拍〉》，《文学遗产》专刊第245期。
2. 翦伯赞：《应该替曹操恢复名誉——从〈赤壁之战〉说到曹操》，《史学》专刊第152号。
3. 谭其骧：《论曹操》，《文汇报》，1959年3月31日。

第一节　文献记录的超世之杰

青年曹操的豪情与忧患

曹操生于公元 155 年（汉桓帝永寿元年）。其祖父曹腾，是汉桓帝时颇有地位的宦官。东汉时期，宦官允许收养子。曹腾即收有养子曹嵩[4]。曹操系曹嵩所生。

少年时代的曹操，聪敏而放荡不羁。

汉代有一种特殊的人才选拔制度，谓之"举孝廉"。即政府将各地的孝顺、清廉之士推选出来，充任官吏。曹操的政治生涯，正是从举孝廉开始的。

公元 174 年（汉灵帝熹平三年），曹操 20 岁时，被推举为孝廉。先为郎，后为洛阳北部尉。曹操在洛阳任职时，颇得百姓称道。

那时的曹操，想当一名郡守。他要为政一方，做一名清官，建立起荣誉[5]。

公元 177 年（熹平六年），23 岁的曹操调任"顿丘令"，但不久受他人官司牵连，去职回到了老家亳州。他在家乡一住数年，娶了两房妻室，一为丁氏，一为卞氏。

公元 180 年（光和三年），26 岁的曹操再次出道，获得一个"秩比六百石"的议郎。议郎虽然有"六百石"的俸禄，却没有具体的权力，有点像今天的顾问。即使在这样一个闲职上，曹操却

---

4. 陈寿《三国志·魏书·武帝纪》："桓帝世，曹腾为中常侍大长秋，封费亭侯。养子嵩嗣，官至太尉，莫能审其生出本末。嵩生太祖。"
5. 曹操《述志令》："欲为一郡守，好作政教，以建立名誉。"

干得十分认真。其间他两次上书,按照自己的判断为他人主持公道,切谏时弊,俨然一名有理想、有抱负的青年。

公元184年(中平元年),曹操30岁时,河北巨鹿人张角发动黄巾起义,顷刻之间,天下响应,朝廷震动。汉灵帝决定征剿。曹操作为当时的年轻官吏,被拜为"骑都尉",随同皇甫嵩出征讨伐颍川(今河南禹州一带)的黄巾军。

骑都尉是二千石的官职,因此是他为官生涯中的一次重要晋升。此次出征,他所在的官军大破颍川黄巾军,"斩首数万级"。

因镇压黄巾起义的军功,曹操被提拔为"济南相"。

汉代实行郡国制,郡直隶于中央,国是分封给诸侯的领地。济南国,辖境相当于今天的山东济南、章丘、济阳、邹平等市县。在济南任上,曹操做了一件有名的事:禁断淫祀。

所谓淫祀,指多余或不必要的祭祀活动。当时的济南国,祠庙甚多。百姓见庙就拜,耽误生计。曹操不顾各方反对,强令拆除祠庙。

曹操拆除他人祠庙铺在自己墓底的画像石局部

他的举动招惹了当地豪强，引起许多人不满，后不得不托病请辞[6]。朝廷并未轻易放走曹操，而是先调他为"东郡太守"。曹操未接受这一职务。朝廷又许之以"议郎"之职。曹操虽勉强接受了议郎一职，人却再次回到老家亳州，在亳州郊外读书弋猎，自娱自乐。此次曹操在家乡住了一年多。

公元186年（中平三年），朝廷再次征曹操为都尉。曹操接受了这项军职，再次掌握兵权。两年后，34岁的曹操被王芬等人相中，与他共谋"废灵帝"，遭曹操拒绝。

陈留起兵

公元189年（中平六年），汉灵帝死。地方军阀董卓进京（洛阳），废少帝刘辩，另以陈留王刘协为帝，这位新皇帝便是中国历史上的汉献帝。

董卓为笼络掌有一定兵权的曹操，推荐曹操为骁骑校尉。曹操内心反对董卓的为人，认为董卓终究不能长久，不愿意与之合流，决定弃洛阳东归，奔亳州老家而去[7]。

曹操东归路过陈留（今河南开封境），见了陈留太守张邈以及举了孝廉的朋友卫兹。三人均反对董卓左右朝政，遂决定起兵讨伐董卓。曹操散去家财，招兵买马。曹操家乡的族人也纷纷由亳州来到陈留，支持曹操的事业。后来辅佐曹操建功立业的著名将

---

6. 曹操《述志令》："故在济南，始除残去秽，平心选举，违迕诸常侍。以为强豪所忿，恐致家祸，故以病还。"
7. 杭世俊《三国志补注·魏书·武帝纪》引《魏书》："太祖以卓终必覆败，遂不就拜，逃归乡里。"

领夏侯惇、夏侯渊、曹仁、曹洪、乐进等，均在此时加入了曹操的阵营。曹操还亲自与工匠一起打造兵器，仅用数月时间，为自己建立起一支5 000人的军队。

公元189年（中平六年）十二月，曹操在陈留的己吾（今河南宁陵西南），正式举起讨伐董卓的大旗[8]。这年曹操35岁。

当时的关东地区，除洛阳为董卓控制之外，其他如河北、河南余部、山东、安徽等地，讨伐董卓渐成燎原之势。

公元190年（汉献帝初平元年）正月，冀州牧韩馥、兖州刺史刘岱、河内太守王匡、渤海太守袁绍、东郡太守桥瑁、豫州刺史孔伷、济北相鲍信、后将军袁术等均起兵反对董卓。陈留太守张邈与曹操也加入其中，他们推袁绍为盟主，合兵一处，声势浩大。袁绍以盟主的身份，任命曹操代理"奋武将军"。

来自东方的讨伐浪潮，给董卓形成巨大的压力。为应对袁绍的讨伐联盟，董卓于公元190年二月将汉献帝由洛阳迁往长安，同时烧毁洛阳的部分宫室官府，迁徙洛阳数百万人口入关中，又指示部将发掘诸帝陵及公卿以下冢墓，"收其珍宝"[9]。他的这些举动，是为自己万一军事失利所作的准备。

曹操对董卓破坏洛阳的暴行极为愤慨，写下《薤露》一诗：

惟汉二十二世，所任诚不良。沐猴而冠带，知小而谋强。犹豫不敢断，因狩执君王。白虹为贯日，己亦先受殃。贼臣持国柄，

---

8. 陈寿《三国志·魏书·武帝纪》载："太祖至陈留，散家财，合义兵，将以诛卓。冬十二月，始起兵于己吾。"
9. 范晔：《后汉书·董卓传》。

杀主灭宇京。荡覆帝基业，宗庙以燔丧。播越西迁移，号泣而且行。瞻彼洛城郭，微子为哀伤。

虽然董卓将汉献帝西迁，但军事上并未放弃洛阳。他令大将徐荣屯兵荥阳，以阻击关东联军。但这时的袁绍联军，却惧怕起董卓来，不敢出战。曹操出面劝说袁绍，认为此时正是一战而定天下的良机。袁绍未从。

此时的曹操，显示出刚强正义的一面。他决定率自己的部众出战。曹操引兵到达荥阳前线，联军中支持曹操的，只有济北相鲍信和陈留太守张邈派出的卫兹一部。

屯守荥阳的徐荣，统领的是久经沙场的西凉兵马，力量也强于曹操。双方接战，曹操部众死伤甚多。曹操的朋友卫兹战死，济北相鲍信以及曹操本人都受了伤。

荥阳失利，并未挫去曹操的勇气。他继续在家乡以及扬州等地募兵，不久带三千人回到袁绍驻地。但此时的关东联军内部各怀异志，甚至发生内讧，兖州刺史刘岱杀了东郡太守桥瑁；袁绍本人和冀州牧韩馥则谋另立幽州牧刘虞为帝。

曹操对另立一个皇帝的做法甚为不满，提出"诸君北面，我自西向"[10]，表明自己仍然拥戴汉献帝的意志。

奠基沙场

公元 191 年（初平二年），袁绍等不顾反对，立刘虞为帝，刘

---

10. 陈寿：《三国志·魏书·武帝纪》，裴注引《魏书》。

虞并不接受，袁绍只好作罢。同年，孙坚在袁术的支持下，幸运地攻下洛阳。董卓被迫退回长安。

孙坚占据洛阳后，联军暂时失去共同的军事目标，便各展异志，谋求壮大自己的势力。

袁绍利用韩馥与屯兵幽州的奋起将军公孙瓒之间的矛盾，迫使韩馥将冀州牧让给自己。但袁绍自身却受到活跃在太行山一带的被称为"黑山军"的黄巾余党袭击。

公元191年（初平二年），黑山军首领褚飞燕率十余万众攻魏郡（今河北磁县、临漳一带）、东郡（今河南濮阳西南）。袁绍派曹操迎战，曹操破"黑山军"于濮阳。

战功使曹操从袁绍手中换来了"东郡太守"的称号，获得东武阳（今山东莘县南）的治理权，从此曹操有了自己的地盘，势力大增。

公元192年（初平三年）春，"黑山军"又围攻东武阳，曹操再次获胜，其军事才能开始真正展现出来。

河北的黄巾军受到曹操打击，但山东黄巾军的势力却发展了起来。公元192年（初平三年）四月，青州黄巾军以百万之众攻兖州，杀兖州刺史刘岱。东郡官员陈宫以及素与曹操交好的济北相鲍信等见此形势，说服兖州官员，建议迎曹操为兖州牧。东汉分十三州，州牧已是地方最高一级军政长官，相当于今天的省长。曹操成为兖州牧时，年仅38岁。

曹操在兖州牧任上继续镇压黄巾军。公元192年（初平三年）冬，他在今山东长清一带与黄巾军作战，通过军事压力和谈判，说服数十万人投降。他对降者不加伤害，并从降卒中挑选精壮者五六万人（一说三十万人），编成"青州军"，组建了一支新的属于自己的重要军事力量。

曹操在打击黄巾军的过程中，得了兖州牧，又壮大了武装。从某种程度上说，是平黄巾的征途为曹操的崛起提供了良机。

曹操虽然实际控制了兖州，但他的兖州牧却未获长安朝廷的认可。不久，袁术即联络公孙瓒、徐州牧陶谦等进攻曹操。曹操先击败袁术，正巧曹操的父亲曹嵩携带自己的金银财产前来投奔曹操时，在陶谦辖区被陶谦的部将害死。曹操迁怒于陶谦，便一心要寻陶谦复仇。

公元193年（初平四年），曹操留陈宫守东郡，自己率兵征讨陶谦。大军一开始所向无敌，很快打到陶谦的大本营彭城（今江苏徐州），陶谦亲率主力来战，还是不敌曹操，遂东走郯县（今山东郯城）坚守不出。曹操攻郯不下，为父报仇心切的曹操震怒之下大开杀戒，屠男女数万，血溅泗水[11]。如果这是真实的，则暴露了曹操随性残忍的一面。

曹操久攻郯县不下，粮食接济发生困难，而陶谦又得青州刺史田楷以及刘备的支持，只好暂时撤兵。

公元194年（兴平元年）四月，曹操再次东讨陶谦，一直打到琅邪、东海两郡。未料陈宫、张邈等乘曹操东征，背着曹操推举吕布为兖州牧。曹操得知后火速赶回兖州，但此时吕布已占了

---

11. 陈寿：《三国志·魏书·荀彧传》，裴注引《曹瞒传》："坑杀男女数十万口于泗水，水为不流。"

濮阳。曹操即带兵围攻濮阳,与吕布恶战,互有胜负,进入与吕布相持的局面。不久陶谦病死,他临死前将徐州牧给了刘备。

公元195年(兴平二年),曹操终于打败吕布,逐渐收复兖州失地。吕布、陈宫等落荒投奔刘备;张邈则在赴扬州的路上被部从所杀。兖州局面最终稳定下来。长安朝廷见曹操控制了兖州,也只好正式任命他为兖州牧。

挟天子以令诸侯

曹操在关东鏖战之际,也是长安大乱之时。

公元196年(建安元年),汉献帝在董承、杨奉等人陪伴下渡过黄河,出奔山西,最终辗转来到洛阳。此时的洛阳,宫殿已毁,百官没有住处,献帝也只好住在原来的宦官赵忠家里,饮食也成了大问题。

听说天子东来,袁绍的谋士沮授立即向袁绍建言"西迎大驾,即宫邺都,挟天子而令诸侯"。袁绍没有听从这一建议。

曹操素有敬重天子的品行。

当年董卓罢少帝刘辩,曹操即起兵讨伐董卓;后袁绍谋另立刘虞,曹操也坚决反对。现在听说献帝到了洛阳,便决心将天子接到许县来。

曹操通过各种手段,先获得了杨奉的同意。杨奉还建议汉献帝拜曹操为镇东将军,并袭费亭侯。曹操一番推辞之后,表示接受,亲赴洛阳朝见献帝,实际上控制了洛阳,随后又在很短时间内获得汉献帝赐予的节钺。汉献帝还命他录尚书事,兼"司隶校尉"。

领了节钺，代表曹操有了统领内外诸军的权力。录尚书事，表明他又有了总管朝政的权力。司隶校尉负责监察百官、维护京师治安，由此曹操获得了中央赋予的军政大权。

公元196年（建安元年）八月，曹操将汉献帝迎到许县。许县自然也就成了许都。

天子至许都后，封曹操为大将军、武平侯。大将军一职使得曹操握有名正言顺的军事大权，而武平侯是县侯，更高于他原来承袭的亭侯两级。更为重要的是，曹操实现了"奉天子以令不臣"的大计。曹操未费大力，取得洛阳以东一大块地方，关中诸将也听其号令。这年，曹操42岁。

曹操得以独自控制献帝之后，杨奉不服，想抢回献帝，被曹操击败后投奔袁术。

曹操控制了献帝，最后悔的是袁绍。曹操念袁绍旧情，又见袁绍并不公开抗拒朝廷，便以献帝名义任袁绍为太尉，封邺侯。

当时司徒、太尉、司空为朝廷"三公"，是中央最高位阶。不过汉末大将军的地位等同甚至高于"三公"。袁绍看到自己虽被封"三公"之一，地位却在曹操担任的大将军之下，反认为曹操忘恩负义，拒不接受任命。曹操见此，又将大将军让与袁绍，自任"司空"。此时曹操与袁绍并未翻脸，可见曹操之义。

汉献帝在曹操的实际控制之下，对长期跟随他征战立功的荀彧、程昱、毛玠、董昭、夏侯惇、夏侯渊、曹洪、乐进、李典、于禁、徐晃、典韦等人也进行了封赏。

奖掖旧部的同时，曹操延揽新秀，以宽容之心善待来者。他通过封赏有功之人、用贤用能、广揽人才，有效地控制了国家的管理系统，掌握了军队，并建立了自己的智囊团。

许下屯田

政局稳定之后，曹操采纳毛玠的建议，着手"修耕植、畜军资"。即通过有效地管理耕作和种植、发展经济，解决军粮问题。

生活在粮食丰足的今天，人们很难理解古代的粮食匮乏。许多人投身军旅，其实仅仅是为了有口饭吃。曹操征战关东期间，常常受到军粮问题的困扰。当年他扬州募兵时，就因粮食不足，征来的新兵中途叛逃。

曹操素怀统一神州之志。他清醒地认识到，要兼并天下，必须手中有粮。

曹操增加粮食的具体措施，便是屯田。

公元196年（建安元年）十月，曹操发布《置屯田令》。他任命枣祇为屯田都尉，任峻为典农中郎将，负责管理屯田事宜。

屯田制首先在许都地区推行。屯田需要两个前提：一是要有无主荒地；二是需要有能从事屯垦的劳动力。

东汉末年长期的战乱，造成大量人口死亡和流散。尤其关东地区，大片土地被闲置荒芜，无人耕种。社会一旦相对稳定下来，耕种这些荒地即成为可能。

屯田制把土田分给个人，采用"计牛输谷"和"分成收租"的办法鼓励屯田户的积极性。简而言之，土田是政府分配给屯田户的，通常情况下，政府与屯田户根据收获五五分成；如果屯田

东汉壁画墓中的牛耕图

(引自段毅等:《陕西靖边县杨桥畔渠树壕东汉壁画墓发掘简报》,《考古与文物》,2017年1月)

户在耕作过程中租用政府的耕牛，则与政府按四六分成。政府得六分，屯田户得四分[12]。

百姓对于这种分配之法十分认可[13]。

屯田制推行后，成效显著。许下屯田的第一年，即"得谷百万斛"。屯田制推广之后，粮食产量大为增加，仓廪充实。

曹操通过屯田之法，为消灭盘踞各地的军事势力奠定了经济基础。

中原征讨

公元196年（建安元年）曹操迎献帝到许都后，各地的军事割据形势也大致确定。

曹操挟汉献帝，以许为都，拥有兖、豫二州，占据着山东西部和河南地域；袁绍据冀州，又有青、并二州，控制着今天的河北、山东及山西部分地区；公孙瓒据幽州，控制今北京地区；张扬据河内，控制今山西南部；吕布据徐州，控制今江苏大部；袁术据淮南，控制今安徽和河南一带；刘表据荆州，控制今湖北地区；张绣据南阳，控制今河南西南地区；孙策据江东，占有今江西、福建一带；韩遂、马腾据凉州，控制今甘肃一带；张鲁据汉中，拥有今四川东北和陕西南部地区；刘璋据益州，占据着今天的成都平原。

---

12. 房玄龄等《晋书·慕容皝载记》："魏晋虽道消之世，犹削百姓不至于七八，持官牛田者，官得六分，百姓得四分；私牛而官田者，与官中分。"
13. 后来屯田的问题暴露出来，"募民屯田"逐渐衰落。到晋代时，屯田民逐渐转变成了自耕农。

曹操分析形势后，决定采取北和袁绍，先弱后强，各个击破的方针，先征张绣。

公元197年（建安二年）正月，曹操亲率大军，向张绣占据的宛县（今河南南阳）进兵。张绣最初在贾诩的劝说下，投降了曹操。曹操占据宛城后，偶然遇见张绣的婶母。曹操见其貌美，便不计后果，将其收纳为妾。张绣恼怒，便降而复叛，领兵偷袭曹营。曹操毫无防备，幸得典韦、于禁拼死相救才逃得一命，典韦战死。曹操的长子曹昂为救父亲，将坐骑让给曹操，也不幸被张绣的兵杀死。

第一次征张绣失败后，曹操一面利用汉献帝稳住关中及西凉的马腾、韩遂，一面作再次征讨张绣的准备。

公元197年（建安二年）十一月和公元198年（建安三年）三月，曹操两次发兵讨伐张绣。公元199年（建安四年），张绣终于再次接受贾诩的建议，归附曹操。

当时袁绍也想拉拢张绣，张绣对投奔曹操还是袁绍有些犹豫，尤其担心自己与曹操多次作战，结有仇怨，担心曹操不容。贾诩说，曹操是个有志于建立霸业的人，一定不会计较个人私怨，再说他奉天子号令天下，我们投降名正言顺。果然，曹操并未计较杀子之仇、杀爱将之恨，接受了张绣，并请献帝封其为列侯、扬武将军，显示出政治家的博大胸怀。

在与张绣的搏杀过程中，曹操与袁术、吕布之间也有战争。

袁术久有称帝异志。公元197年（建安二年），袁术乘曹操征张绣之机，抱着从孙坚手中抢来的"传国玺"，在寿春称帝。

袁术称帝后，遭天下非议，便打算拉拢吕布。吕布在曹操劝说下，对联合袁术一事犹豫不决，屡改初衷。袁术见吕布出尔反尔，便派大将张勋等联合杨奉、韩暹等攻打吕布，但杨奉、韩暹反而在吕布劝说下反戈一击，攻击起袁术来。袁术大败。

曹操见袁术势力已弱，便于公元197年（建安二年）率军南向讨袁。袁术不敌，退至淮河以南，从此一蹶不振，后于公元199年在寿春附近的江亭病死。曹操的势力范围也向淮南有所延伸。

公元198年（建安三年）九月，曹操乘袁术势力衰退，对自己构不成威胁，便适时用兵征讨吕布。吕布此时想起袁术来，派人向袁术求援，袁术当然不肯。曹操仅用三个月时间便占据徐州，擒杀了吕布和陈宫，清除了最大的劲敌。

陈宫为曹操旧友，后叛曹操。曹操杀陈宫后，仍然厚待其家人，养其母、嫁其女，表现出重情、重义、重才的品格和不计前嫌的胸怀。

在擒杀吕布的行动中，刘备帮助了曹操。曹操感念刘备之功，将其带回许都，并向献帝表举他为左将军。刘备素有恢复汉室的大志，在许都私下与献帝的岳父、车骑将军董承密谋，想除掉曹操。尽管曹操对刘备有所防范，甚至在酒席间以"今天下英雄，惟使君与操耳"的问话试探，终未觉察异常。不久曹操接报，闻知袁术有意北上投袁绍，便派刘备带兵前去阻止。刘备正好借机逃出许都，摆脱曹操的控制。刘备东去之后，立即公开打出反对曹操的旗号。

在曹操翦除袁术、吕布的同时，袁绍也向北灭了公孙瓒。

公元199年（建安四年），袁绍决心不再坐视曹操势力的发展，要"南向以争天下"，于是发精兵十万，打算攻打许都。曹操针锋相对，率精兵两万进军黎阳，双方形成对峙之势。

公元200年（建安五年），曹操获得所谓"衣带诏"，识破董承和刘备欲推翻曹操的计谋。他下令将董承和已是献帝妻子（贵人）的董承之女一并处死。当时献帝想保住妻子，多次向曹操求情。曹操坚拒不允，给了朝廷文武百官极大的震动，进一步确立了自己的威信。

曹操破获"衣带诏"事件后，对刘备的反叛耿耿于怀，更担心刘备坐大，后方不稳。于是决定乘袁绍尚未正式撕破脸皮来攻，急速进兵攻打刘备。曹操仅用一个月时间，便击垮刘备，虏其妻子，并迫使关羽投降。刘备只有投奔袁绍。

击走了刘备，曹操解除了后顾之忧，又马上回到与袁绍对垒的前线。

官渡之战

袁绍没有利用曹操征伐刘备的短暂机会进攻曹操，失去了战机。

官渡之战分为三场战役：先解白马（今河南滑县东）之围，再启延津（今河南延津县北）之役，最后是官渡（今河南中牟东北）决战[14]。

公元200年（建安五年）二月，袁绍遣大将颜良进攻白马、

---

14. 何兹全：《读史集》，上海人民出版社，1982年。

围困曹操，自己则统大军进驻黎阳，准备过河。袁绍军队的人数据说有十万人[15]，而曹操军队的人数，有史书说不足万人，而且不少是伤兵[16]。曹操为解白马之围，采纳谋臣荀攸的计谋，先引兵袭延津，装出要渡河抄袁绍后路的样子，诱颜良出战再临阵斩良，遂解白马之围。然后曹操徙白马军民，沿黄河西撤。

曹操从白马后撤时，袁绍从黎阳渡河追击，至延津南时，曹操以白马辎重饵敌。袁绍的骑兵见有辎重，自乱阵脚。曹操再胜一场。

两场序幕战后，曹操把军队撤到官渡。

同年八月，袁军自阳武（今河南原阳）进逼官渡。袁曹两军在官渡对峙了两三个月。曹操虽然被动，但始终等待胜机。

同年九月，袁绍用数千辆运粮车送军粮到官渡。曹操采纳荀攸的建议，派徐晃等率兵烧了这批粮草辎重。

同年十月，袁绍又从河北运来军粮一万多车，由部将淳于琼率兵护送，进至故市、乌巢（今河南延津境内）宿营。袁绍谋士许攸此时投奔曹操，建议乘夜去袭击袁军的辎重。曹操听从许攸，留下曹洪、荀攸留守大营，自己则亲率步骑兵五千人，带上薪柴引火之物，用袁绍的旗帜作伪装，奔袭粮草。路上有人问，则回答说是袁绍担心被曹操抄后路，调回设防的。袁绍的兵士皆没有怀疑。曹操等到达乌巢后，立即纵火烧粮，袁营大乱。袁绍只分了少量的兵去救淳于琼，曹操赶在袁绍救兵到达乌巢前就打垮淳

---

15. 陈寿《三国志·魏书·袁绍传》："（袁绍）精卒十万，骑万匹。"
16. 陈寿《三国志·魏书·武帝纪》："时公兵不满万，伤者十二三。"

于琼，援军也跟着溃败。袁绍得知曹操去烧粮草，认为曹操大营必已空虚，遂攻曹操营地。攻打曹操大本营的大将张郃和高览因与袁绍谋士郭图不和，愤而投奔曹操。袁绍见败局已定，只好带着儿子袁谭等数百骑逃回河北。

至此官渡之战结束，曹操完成了一场中国历史上赫赫有名的以少胜多的战例。

占据邺城

公元201年（建安六年），曹操曾在山东阳谷一带再败袁绍。袁绍自此退回邺城，逐渐积郁成疾，于次年病逝。

袁绍死后，他的小儿子袁尚领冀州牧，驻邺城；长子袁谭仍为青州刺史；中子袁熙仍为幽州刺史；外甥高干则为并州刺史。四州之地，仍为袁氏控制，但袁家几个兄弟之间，争权夺利，关系逐渐恶化。

公元204年（建安九年），曹操乘袁尚去攻打袁谭的机会，领兵直捣邺城。邺城十分坚固。曹操决引漳河水灌城，围困邺城三个月，造成城中半数人饿死。其间，袁尚领兵回救邺城，被曹操击溃，邺城内士气更加低落。

同年八月，曹操终于攻下邺城，杀了守城的审配。

曹操进驻邺城后，对袁家大加抚慰。他慰问袁绍的妻子，并亲自到袁绍墓前祭奠，还让曹丕纳了袁绍次子袁熙的妻子甄氏为妾，随后又免了河北租赋。

同年九月，曹操表奏献帝，获领冀州牧。

公元205年（建安十年），曹操又杀了袁谭。

公元206年（建安十一年），曹操击败并州的高干。北方的大股军事势力终于平定。

公元207年（建安十二年）二月，曹操回到邺城，作《封功臣令》，大封功臣，并免除阵亡将士亲属的徭役负担。

北破乌桓

袁尚、袁熙被曹操击败后，往北逃亡，企图依靠乌桓的力量反抗。

乌桓是居住在辽西地区的少数民族。东汉末年，乌桓逐渐强大起来，常乘内地不平静的时候，进犯边城，杀掠人民，为乱汉王朝的北部边境[17]。袁绍与公孙瓒作战时，曾联络乌桓相助。灭公孙瓒后，袁绍以献帝名义封赏过乌桓贵族。曹操为达成最终统一北方的目的，毅然决定远征乌桓，解决边患。

公元207年（建安十二年）五月，曹操率大军从邺城出发，先到达易县。八月，与乌桓王蹋顿、辽西单于楼班、右北平单于能臣抵之等战于几城（今辽宁朝阳市附近）。当时蹋顿的联军达数万人，激战之后，曹操杀死蹋顿，大破乌桓。袁氏兄弟见状投奔公孙康。公孙康迫于曹操声势，将袁尚、袁熙杀死，割下首级献给了曹操。

曹操征乌桓，完成统一北方的战争后，于次年正月回到邺城。

---

17. 陈寿《三国志·魏书·乌丸传》："寇暴城邑，杀略人民，北边仍受其困。"

途中，曹操经过河北昌黎，面对大海思绪万千，写下《观沧海》一诗，气势宏阔，表达了豪迈的进取之心。

赤壁之战

曹操返回邺城后，立即开始了向南用兵的准备。

此时南面与曹操对峙的有荆州刘表、江东孙权以及依附于刘表的刘备三股力量。

公元208年（建安十三年）八月，刘表病死，其子刘琮附曹，曹操于是夺得荆州。刘备听说刘琮降了曹操，急忙率部南下，并带出刘琮左右及众多荆州百姓。曹操对刘备的中路进行追击。刘备败退到江夏，受到刘表的另一个儿子江夏太守刘琦的接应。

曹操夺得荆州，声威大震。孙权、刘备不得不结成联盟以自保。

曹操随之率兵八十三万（另说二十万）顺水而下，与孙刘联军对峙于赤壁。赤壁位于今湖北赤壁市西北，隔江与乌林（今湖北洪湖市东北）相对。曹操的战船靠在乌林一侧。为解决出兵时北方士兵晕船的问题，他决定用铁链将战船连锁在一起。东吴大将周瑜、黄盖等决定采用火攻。

同年十二月七日，黄盖率"蒙冲斗舰数十艘"，各自装上易燃的干草薪柴，灌上膏油，用帷幕裹好。又在每条船后预备将载士兵返回的"走舸"，乘夜间驶向曹营，对外只说是前来投降的，骗过了曹军。

离曹军2里（今831米）左右，黄盖下令各船点火，顷刻间"烟炎张天，人马烧溺死者甚众"，大火延及了岸上的陆寨。

周瑜见偷袭得手，自率轻锐，杀奔而来。刘备也带兵杀向乌林。曹军此时已乱，败而西逃。周瑜、刘备水陆并进，追赶曹操至南郡城下。曹操见败局已定，只好让部将守住襄阳，自己率残部退回邺城。

赤壁之战后，孙权以周瑜屯江陵，程普守江夏，吕蒙为浔阳令。这样东吴控制了西起今湖北宜昌、东至今江西九江的长江防线。刘备则据有公安，后又占得武陵、长沙、桂阳、零陵等地。刘琦死后，刘备自领荆州牧。

赤壁战败，是曹操统一中国行动的悲壮失败。三足鼎立的格局开始形成。

这一年，曹操54岁。

从魏公到魏王

公元208年（建安十三年）六月，赤壁之战前夕，曹操罢废"三公"的设置，复置丞相以独揽军政大权，曹操自为丞相。后世戏剧中的"曹丞相"一词，由此而来。

赤壁战败，曹操声望受损。随后的两年中，曹操开始将更多的精力放在内政上。

公元210年（建安十五年），曹操下《求贤令》，广纳贤士。同时在邺城建铜雀台。

公元211年（建安十六年），马超、韩遂拥兵十万反叛曹操。曹操大破马超，平定关中，声望恢复如初。

公元212年（建安十七年），曹操平复马超后返回邺城。汉献帝给予曹操特殊待遇，允许曹操入朝时佩剑在身。这时的曹操，更加重视邺城。谋求在邺地直接掌握更多封地。

公元213年（建安十八年），在曹操的策划下，献帝封其为魏公[18]。"割河内之荡阴、朝歌、林虑，东郡之卫国、顿丘、东武阳、发干，巨鹿之廮陶、曲周、南和，广平之任城，赵之襄国、邯郸、易阳以益魏郡。"

公元214年（建安十九年），孙权攻陷皖城。曹操不甘，再次亲征孙权，但此次出征，三个月即还，未获建树。同年刘备破蜀，并取代刘璋为益州牧。曹操遂又生西征张鲁之意。

公元215年（建安二十年）春，曹操西征张鲁，同年十一月即迫张鲁投降。其间，司马懿、刘晔曾建议曹操乘刘备取代刘璋不久，发兵讨蜀。曹操没有听从。

公元216年（建安二十一年）二月，曹操自汉中回到邺城。同年五月，曹操晋爵为魏王。加封魏王的曹操并未放弃统一大志，同年十月，再次发兵征讨孙权，并将孙权击败。

公元217年（建安二十二年）三月，孙权派人请降，曹操便又回到邺城。献帝随即诏曹操设天子旌旗，出入警戒清道；不久又命曹操"冕用十二旒"，备天子乘舆。曹操则立曹丕为王太子。

同年八月，曹操下《举贤勿拘品行令》，提出即使有盗嫂好色的恶习，只要有才华，也应不拘一格重用。

---

18. 范晔《后汉书·孝献帝纪》："夏五月丙申，曹操自立为魏公，加九锡。"

病逝洛阳

公元217年（建安二十二年）十月，刘备遣张飞伐汉中。

公元218年（建安二十三年），刘备率兵亲至汉中。曹操不得不再次亲征。

公元219年（建安二十四年）三月，曹操进至汉中，与刘备交战数次后，成效不明显，自知汉中难保，遂放弃汉中，将防线设在陈仓。

同年夏，曹操回到邺城后，立夫人卞氏为王后，终于给了这个忠诚的女子一个名分。同年秋，曹操策动孙权袭荆州，自己则驻兵摩陂，使徐晃与关羽对阵。十二月，孙权攻陷荆州；关羽被擒杀。

公元220年（建安二十五年）正月，曹操回到洛阳，于二十三日病卒。二月，曹操谥魏武王，葬于高陵。十月，献帝让位于曹丕，改年号为黄初元年。东汉亡。

同年十一月，曹丕追尊曹操为武皇帝。

第二节　墓葬里的人生真实

从地下发掘出来的考古资料，以"印证""补充""重建"三项功能在史学界驰骋。资料的客观性，往往能导致许多历史被改写。

曹操高陵的考古资料，又在哪些方面印证了文献中的曹操？为这位风云人物补充了什么故事？是否有文献失载但可以重建的曹操形象呢？

姿貌短小　神明英彻

曹操高陵中的人骨，多数集中出土于后室的下部。

曹操是墓中唯一的男性。其骨骸可辨认的只有头骨、下颌骨、肋骨、盆骨残块和股骨，骨骼出土时多散乱。其中头骨出土于前室东部，靠近前甬道位置的扰土下层；肋骨和盆骨散落于前室和南侧室；股骨等其他残骨分布于后室扰土中。出土时，头骨已经裂成数块，面部仅剩下残片。

曹操高陵中的曹操头骨

对于考古学来说，头骨、面骨可以复原容颜，肢骨可以推算身高。若非面骨不全，我们甚至可以推知曹操的大致长相。不幸中的万幸，曹操的骨骼还残存了头骨、下颌骨。从下颌骨上的两颗牙齿，我们知道曹操生前有严重的龋齿，因为其中一颗牙齿上有龋洞。根据股骨长度推算，曹操身高可能只有1.56米。通常情况下，人体长骨的长度，与人的整体身高直接相关，其中根据股骨推算身高误差最小。即使考虑到各种因素，曹操身高不足1.6米，几乎是板上钉钉的事。

当初安葬的时候，曹操原本躺在后室的木棺内，并且木棺又原在一副石质的棺床之上。可惜木棺已遭破坏，石棺床已被盗走。考古队打开墓葬时，仅仅在后室的后部找到六个曾经放置石棺床留下的方形痕迹。

后室内发现有大、中、小三种铁质棺钉。其中的大型棺钉长达27.5厘米，由此可推测曹操的棺木十分厚重。后室还发现大型铁饰板，上有铆钉，背面还有残留木椁，由此可知曹操埋藏时躺在厚重的棺木内。

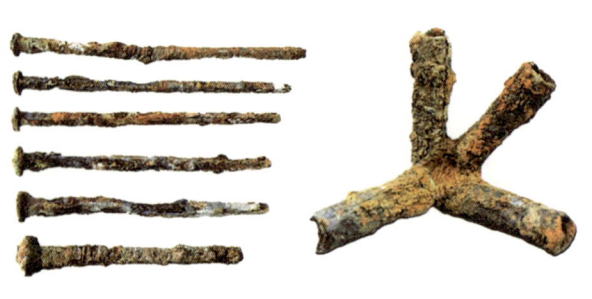

曹操高陵中发现的铁钉与帐构件及石牌

后室内发现有大、中、小三种铁质帐构件，推测棺木外面还罩有用绢做的绛色帐幔。证据来自墓内随葬的"物疏"（石楬）中，有1块刻有"广四尺长五尺绛绢升帐一具、构自副"，此块石牌可与墓内出土的铁帐构互证。

后室发现的画像石中，有瓦当和门柱部件。瓦当多以云纹装饰，正是东汉晚期的特点，与曹操所处的时代相符。由此可推知棺床的围合部分可能做成了带屋宇的仿宫殿结构。

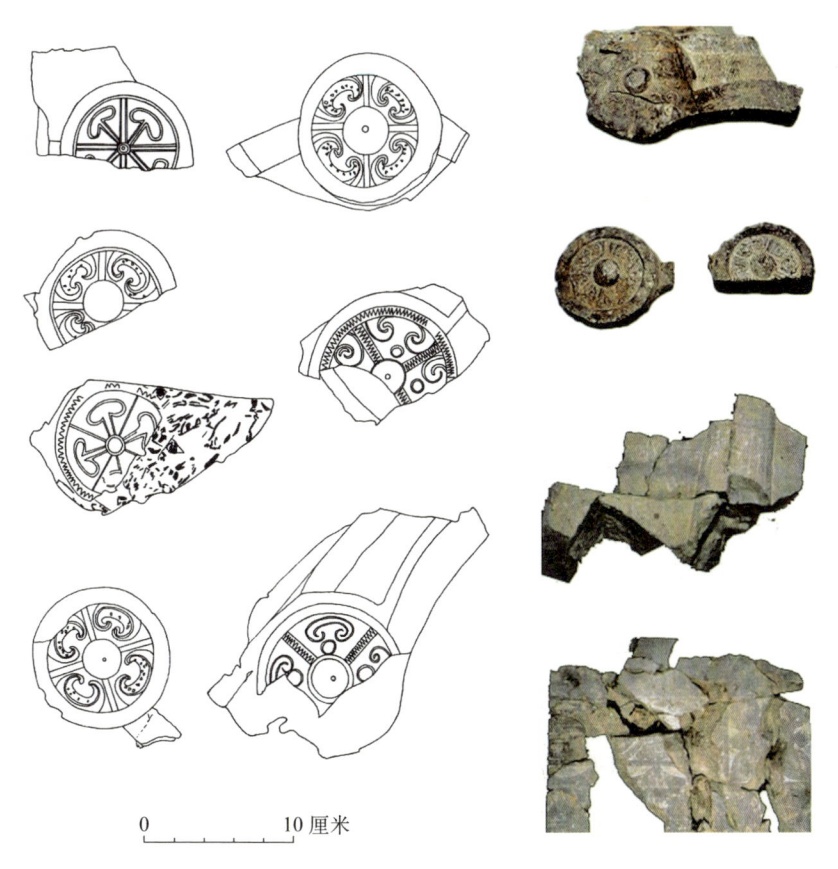

曹操高陵中出土的石刻瓦当与屋顶残件（可能系棺床的一部分）

考古队打开墓葬时，墓室内部粉刷有一层薄薄的白灰。白灰内掺有麻纤维，局部留有明显的工具痕迹。在前、后室四壁上部，均发现有多层挂钉。其中前室的铁钉外端为圆环状，孔内有已朽的丝绳残留；后主室挂钉外端为钩状，推断其可能是用来悬挂帐幔所用，当初墓室内可能悬挂有复杂的帐幔。曹操埋葬之时，他的安息之所进行了精心的装饰。

后室是墓葬最重要的空间，却又只是墓葬整体的一部分。这座"四室两厅"的墓葬，以巨大的青石铺地，以特制的四种不同型号的青砖砌墙。一共740平方米的建筑，神道向东。这便是神明英彻的曹操最终的安息之所。

墓室中的曹操虽然身姿短小，但丝毫没有遮蔽他奋发进取、功勋卓著的一生。刻有"魏武王"三字的石牌，记录了他作为政治家的辉煌；"挌虎大戟""挌虎大刀""挌虎短矛"列具的威仪与气势，透露出他相伴终生的追求与理想；而铠甲与刀剑相随，显示他一路走来，人生不易。东晋史学家孙盛在《魏氏春秋》中以"姿貌短小，神明英彻"[19]八个字评价曹操，准确而精练。

曹操的日常生活

人们熟悉的曹操，是作为政治家、军事家或文学家的曹操。

日常生活中的曹操是什么样子呢？

墓内陪葬之物，包括"物疏"所列但已溶解于土壤中的有机

19.《太平御览》卷三百七十八《人事部》一九引孙盛《魏氏春秋》，中华书局1960年影宋本第二册。《世说新语》所引则作"姿貌短小，神明英发"。

质物品，一定程度上还原了曹操的生活侧面。

白衫、绛裙与紫绡披

曹操的随葬衣物，有衣、衫、襦，有裙、袴，有袍，有疏披，有臂褠，有帽，有袜，有手巾。上身所着，下身所穿，头部所戴，手中所执，足下所蹬，一应俱全。

从布料上看有绢、绮、绡、练、縑、绫、锦和绒等，颜色包括绛、玄、绯、紫、白、丹、黄、绛白。色彩丰富，一如曹操的多彩人生。

衣或衣料："白练单衫二""丹文直领一""玄三早绯""熏二绛绯""丹绡襜襦一""绒二幅一"。

裙："白练单裙一""白绮裙自副""绛白複裙二"。

披："绛疏披一""紫绡披衫黄绡□一"。

曹操高陵出土的衣裙石楬

曹操在《遗令》中，曾交代后人"敛以时服，葬于邺之西冈上"。相信这便是曹操平日里穿的衣服。

他喜欢内穿白色和绛紫色,偶穿红色(丹)和绛色的衣服。六边形石牌物疏中,有1块刻有"黄绫袍锦领袖"。仪式场合,他可能还着黄绫袍,并套上锦领袖。六边形石牌物疏中的"绛疏披一""紫绡披衫黄绡□一",有学者认为类似于今天的勋带。无论是勋带还是披衫,推测都是礼仪场所的穿戴。其色调与曹操的性别、年龄、个人喜好完全相符。

曹操似乎偏爱衣与裙分开的服饰,他的墓葬中随葬了多件带钩和带扣。带钩是铜质的,带扣则有铜扣和铁扣两种。

曹操高陵出土的带钩与带扣

化妆与熏香

曹操的梳妆要用到镜子。墓内物品清单中有"镜台一",随葬品中有错金铁镜1件,与清单相符,并有"绒手巾一""胡粉二斤"。"胡粉"是当时人用于化妆的粉末。此类物品与曹操梳妆相关。

曹操化妆时还要熏香。现代人熏香是追求"小资",但熏香对于曹操来说可能是日常功课。熏香的证据有二:一是墓葬中出

曹操高陵出土的香熏

土有"香囊卅双"的六边形石牌，想必随葬品中原本是有香料的，可能随着埋藏时间久了被自然分解；二是曹操高陵出土了1件陶质香熏，亦可作证。

想必曹操平时化妆是在屏风之后，因为他的随葬品清单中有"一尺五寸两叶绛缘镘屏风一"和"三尺五寸两叶画屏风一"。汉代一尺，约只有23厘米。这两件屏风是一大一小，由于未发现实物，不知道这里的"一尺五寸"和"三尺五寸"指的是宽还是长。"两叶"即"两扇"。若"三尺五寸"指的是其中一扇的宽度，则实物很大，应是日常所用。

曹操高陵还出土有箱笼、镊子1件、剪刀3把，这些都是生活用品，不奢华、不夸张。

曹操高陵出土的骨尺、刀尺

金银玉珠

曹操高陵出土的实物中,还有少量金银器。这些金银器并非单体的器物,而是某种物品的饰件,不排除是箱笼一类物品的饰件或扣件。物疏(石楬)所列随葬衣物,不大可能露天放置,存在箱笼类收纳工具属合理推测。

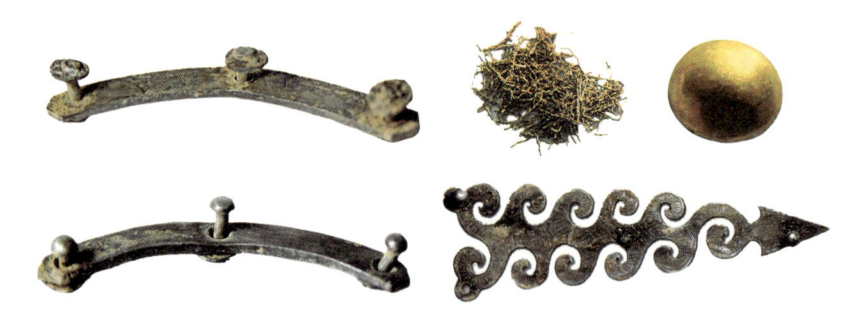

曹操高陵出土的金饰与银饰

曹操高陵的随葬品中,有少量玉器、玛瑙和水晶。除残断的玉璧和1件玉觽,其他均是珠子。包括青玉珠4颗,白玉珠2颗,黑玉珠1颗,玛瑙珠1颗。这些玉珠原本是何用途,尚需要进一

曹操高陵出土的玉器和玛瑙

步研究。

此外,曹操的发型难以确知,但他显然使用发簪固定头发。墓内出土有陶簪1枚,虽然是明器,但可说明曹操平日的固发方式。

墓内出土的戒指是铜质的,应该不是明器,可能是平日里曹操或其夫人所戴。

曹操高陵出土的陶簪与铜戒指

曹操睡觉的时候,用的是"渠枕"。证据有二:一是物品清单中有"渠枕一",二是安丰乡公安局从盗墓者手中收缴的物品中包括"魏武王常所用慰项石"。

除残去秽

墓葬中的文物,给了我们观察历史的机会。

曹操高陵为我们呈现了一个怎样的时代呢?

曹操高陵中的文物可以分成两批:一批是曹操死后的随葬

品，另一批是曹操高陵中用以铺地的画像石。这两批文物中，前者代表曹操生存的时代，后者代表曹操生前刻意要砸烂和破坏的时代。

考古队打开墓门，进入墓室并清理完填充在墓内的淤土后，发现地面铺满青石。虽然部分青石被盗墓贼撬起并砸烂，但仍然可以看出原本是平整地铺设在墓葬地面，或者用作墙基的。这些青石多作长方形，大小不一。多数青石的边长为0.8米—1.1米。个别巨型青石的长边接近1.7米、宽0.8米。

安阳县公安局追缴的曹操高陵被盗文物中，也包括若干此类青石。

此类青石，要么铺地，要么垫在墓室的墙体之下作为墙基，因而可以分为铺地石和墙基石两种。

铺地石和墙基石的大小尺寸以及摆放位置都是预制好的，并在背面用朱漆作了标注。铺地石铺设平整后，才开始铺设墙基石。

铺地石厚薄均匀，表面均未抛光，背面显得粗糙；后室即主室内的铺地石铺设整齐，其余各室的铺地石大小相对杂乱。

发掘者注意到，部分铺地石有二次利用的现象。证实这些铺地石是借用其他地区墓葬或祠堂上的画像石，因此对其上面的画面有意进行了破坏。有的画像石还保留了清晰的剔刻原石图像的痕迹，以及在准备好的铺地石上标注尺寸的朱书文字"长三尺三寸展二尺九寸"。

是的，曹操的确拆了他人的祠堂。高陵中那些大型画像石残块透露了这一秘密。

题材互补

曹操高陵的大型画像石块不仅有图像，也有题榜。

题榜：孝子伯榆、宋王车、饮酒人、咬人、文王十子……

相关画像：人物、马、轺车、安车、辎车、庭院、楼阁、阙、桥、环首刀、手戟、钩镶、剑、盾牌、神鸟、神兽……

画面故事：伯夷叔齐、七女复仇、罗敷采桑、宴饮出行图、申生故事、东王母、义人赵宣、贞夫韩朋、金日磾、二桃杀三士。

上述故事无一例重复，相互形成配合关系，显示出典型东汉晚期墓地祠堂的题材构成。

山东嘉祥东汉武梁祠、宋山画像石的常见题材，通常包括神仙祥瑞、古代圣贤、忠孝故事、列女故事、刺客故事等五大类。每个大类都有相应的故事诠释表达：

神仙祥瑞：西王母、东王公、瑞兽、仙人、羽人等。

古代圣贤：伯夷叔齐、三皇五帝、孔子见老子等。

忠孝故事：申生故事、丁兰刻木事亲、闵子骞失椎等。

列女故事：罗敷采桑、梁寡"高行"、齐杞梁妻、鲁秋胡妇、鲁义姑姊、楚昭贞姜等。

刺客故事：七女复仇、荆轲刺秦王、曹沫挟持齐桓公、专诸刺杀王僚、豫让刺赵襄子等。

曹操高陵中大型画像题材互补，与东汉晚期祠堂中常见的故事题材一致，很像是某处祠堂画像石中的一部分。

七女复仇图　0　10厘米

车马出行图　0　10厘米

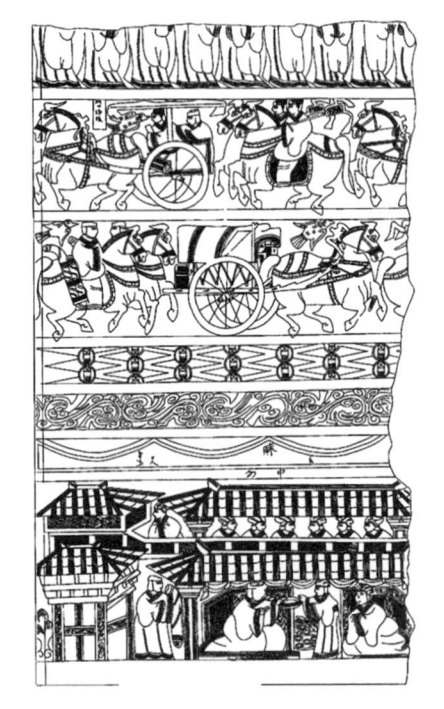

宴饮出行图　0　10厘米

曹操高陵出土的画像石残块图像线描

技法一致

曹操高陵的画像石中，作为墙基石者一般体积巨大，保存较好。有的画面保存得不错，有的画面则隐藏在细密而杂乱的斜线凿痕之中，显示有人以细密而杂乱的斜纹清除原始画面。

认真观察原始画面，可以轻易发现：这些画像石是以整齐的竖线减地成像。即在打磨光平的石面上用阴线在图像轮廓线以外

画像石残块之间成像技法的一致性

不同残块间的人物表现（线图）

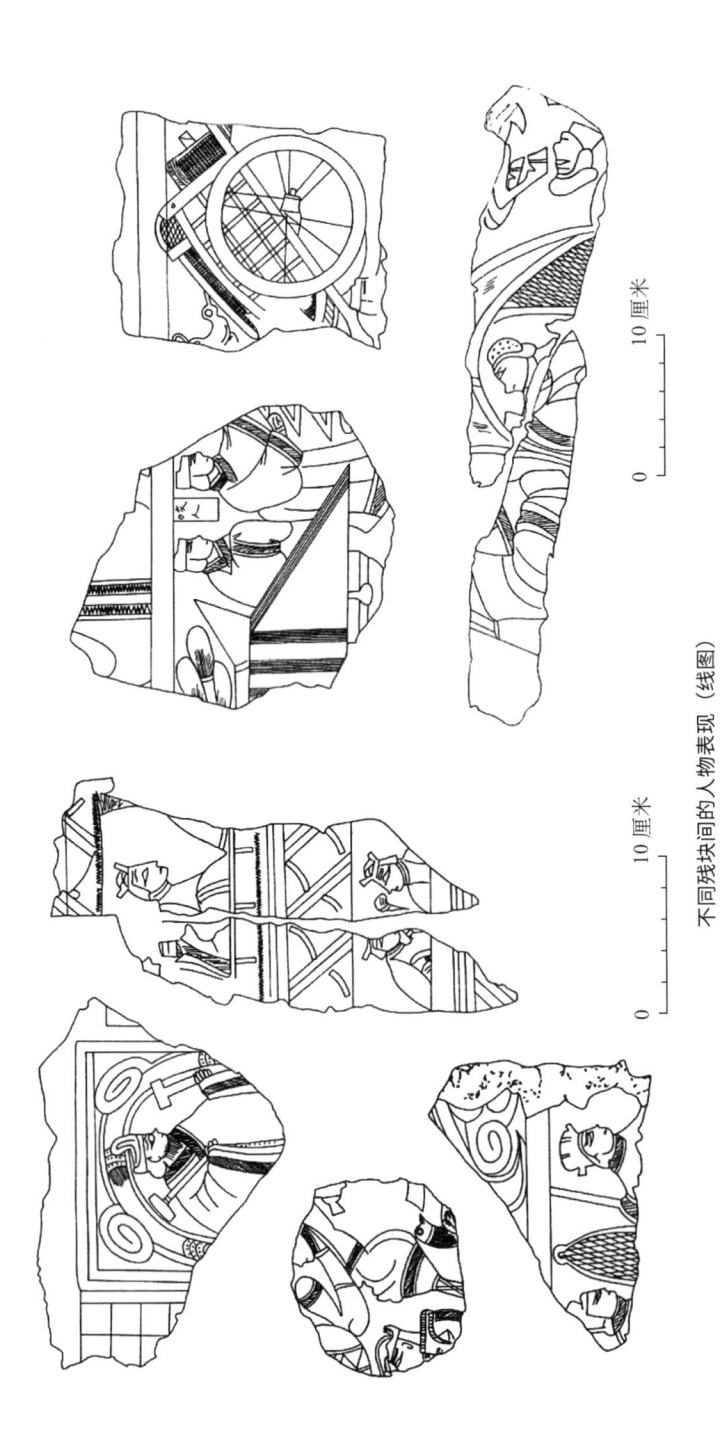

218

不同残块间的人物表现（拓片）

减地，使图像部分凸起。与武梁祠画像石技法如出一辙。这种技法塑造的画面平整光滑、线条流畅、十分精美。

不仅工艺技法（刀法）相同，画面构图、人物造型甚至人物服饰的表现也有强烈的一致性。例如残块上的画面均采用等距透视的构图原则，且画面切割喜用菱形纹、波浪纹、幔帐纹，甚至文字的书体也透出共性。残块之间技法的高度一致性，再次显示其可能源自同一祠堂。

石材相同

曹操高陵中作为墙基用的大型画像石是什么材料呢？

元素	At/%	Wt/%
O	67.09	52.59
Mg	15.05	17.92
Ca	13.13	25.78
CK	4.61	2.71

曹操高陵画像石样品的 X 射线衍射图谱

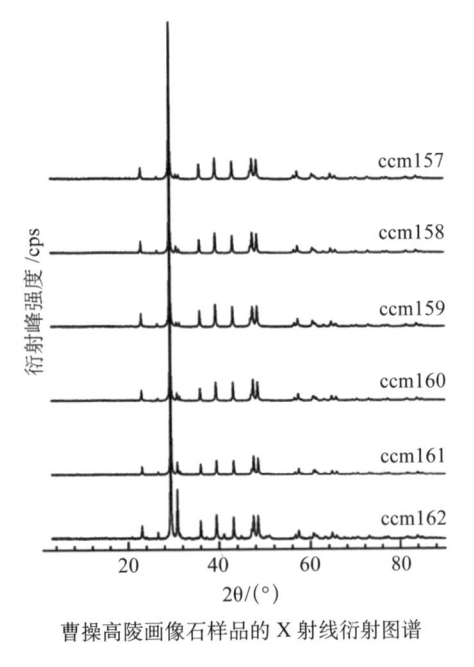

曹操高陵画像石典型样品的扫描电镜、能谱图及元素组成
（南方科技大学文化遗产研究中心实验成果）

我们随机选取了曹操高陵中的6块画像石样品，进行了X射线衍射、扫描电镜及能谱分析，结果均表明6个样品在化学成分和晶体结构上具有高度的一致性。其化学成分主要是氧、镁、钙、钾，其矿物成分、结晶形态等均属碳酸盐岩。因而至少纳入测试的样品是石灰岩，且石材来自同一地区。

侧砌痕迹

曹操高陵出土的画像石尺寸并不完全相同，显示可能原本砌在祠堂的不同部位。由于画面必须面向观者，这些画像石当年必是侧砌，因而其侧面偶尔能够保留侧砌痕迹。

果不其然，墓内多块画像石的侧立面都可见石灰，显然是早年侧砌留下的痕迹。典型的例子是"七女复仇"画像石，其四面都留有石灰痕迹，显示这块画像石当年是砌在祠堂的中部位置。这块画像石的一角，还留有被人用撬棍撬动的痕迹。

曹操为什么要拆祠堂？

汉代崇儒，大力推崇孝道，通过以孝为谥、优待孝子和"举孝廉"选拔官吏等手段彰显孝行的功用。"事死如事生，事亡如事存，孝之至也"导致厚葬之风愈演愈烈，尤其在两汉的陵墓、祠堂、庙宇、石阙中得以佐证，以致成为"富者奢僭，贫者单财，法令不能禁，礼义不能止"的地步。祠堂作为家族展开道德教化的场所，当时大兴孝悌之风，祠堂增长的速度势如破竹，且在用于搭建祠堂的画像石上多刻满孝子、贞妇、忠臣、义士等题材的故事来缅怀已故长者，以示孝道以及勉励后生发扬传统。

曹操在任济南国相期间，毁坏祠堂，禁止淫祀，"故在济南，始除残去秽"[20]。在晚年时曹操更是大行节俭之实，提倡"绝淫祀"的曹操拆卸早期祠堂便可以理解了。

曹操拆除他人祠堂，是在砸烂或改变一个他并不喜欢的世界。

画像石以及曹操高陵中其他画像石很有可能是曹操生前以"绝淫祀"之名拆除的，在营建自己的"寿陵"时，提前拟好《终令》，指示他人将拆卸下来的画像石用于"西门豹祠西原上为寿陵"，自此开了以画像石建墓室的先河。

自曹操开拆除祠堂的"风气之先"后，历史上拆除前人祠堂，并以视觉石材入墓的现象多有发现。例如直到北宋时期，拆祠建墓之风仍在延续。1993年，山东莒县东莞镇的一座宋墓中出土的12方画像石之一，原为墓主孙熹墓前的阙门[21]，立于东汉灵帝光和元年（178），后被他人筑墓利用。

曹操将自己拆人祠堂的行为，称为"除残去秽"。

改造旧世界

曹操想砸烂或改变的，是怎样的世界？

如前所述，高陵中的画像石，无论是墙基石上的清除痕迹，还是画像石上的题材、技法、画面人物的穿戴，都显示出早于曹操建"寿陵"的时代，应与山东嘉祥武梁祠画像石年代相当。

关于武梁祠画像石的年代，学术界曾凭借刀锋特征有过推论。

---

20. 曹操：《述志令》。
21. 刘云涛：《山东莒县东莞出土汉画像石》，《文物》，2005年第3期。

武梁祠画像石 　　曹操高陵画像石

武梁祠画像石 　　曹操高陵画像石

曹操高陵画像石与武梁祠画像石的图像与技法比较 1

武梁祠　　曹操高陵　　武梁祠　　曹操高陵

曹操高陵画像石与武梁祠画像石的图像与技法比较 2

曹操高陵出土画像石上隐约可见的图像以及清除打磨痕迹

2011年，中国国家博物馆入藏了一柄环首钢刀：错金环首刀。该刀长79.8厘米，刀身宽3厘米，厚0.7厘米，环首直刃，刀刃部分略向内弯。

此刀铭文注明为"永寿二年"，即公元156年。其时汉桓帝在位，曹操也刚刚出生。此件钢刀的最大形制特点，是其刀身前部呈"斜切"的折叠刀状锋刃。此种刀锋特征，无论在武梁祠还是曹操高陵中铺在地下，特别是墙基的画像石上的刀锋如出一辙。有理由推测，曹操高陵中画像石的制作时间，很可能即永寿二年前后。曹操死于公元220年，推测曹操高陵内画像石的制作时间早于曹操落葬时间50年以上。

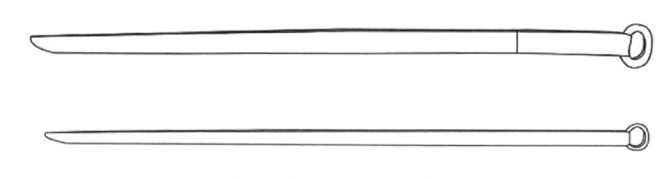

曹操高陵出土的铁刀线图

墓葬中的文物，给了我们观察历史的机会。曹操高陵中的画像石残块，给我们展示了1 800年前的遥远过去——那是曹操成长的时代背景，也是曹操想加以改变的世界。

心里"住着天"

仰望星空，曹操想象着遥远处难以理解的神秘，写下一首《陌上桑》：

驾虹霓，乘赤云，登彼九疑历玉门。

济天汉，至昆仑，见西王母谒东君。

这是曹操心目中的"天界",也是两汉时期人们对"天"的普遍理解。

曹操高陵的大型画像石用线条勾勒出了"天界"。天界住着西王母、东王公;陪着东王公、西王母的是长着翅膀的"羽人"、肥硕的瑞兽,以及飘逸的云纹。其中的2块画像石,用"赤乌"与"白帝仁"作为题榜,很直接地将东汉人心中住在天界的神仙刻画

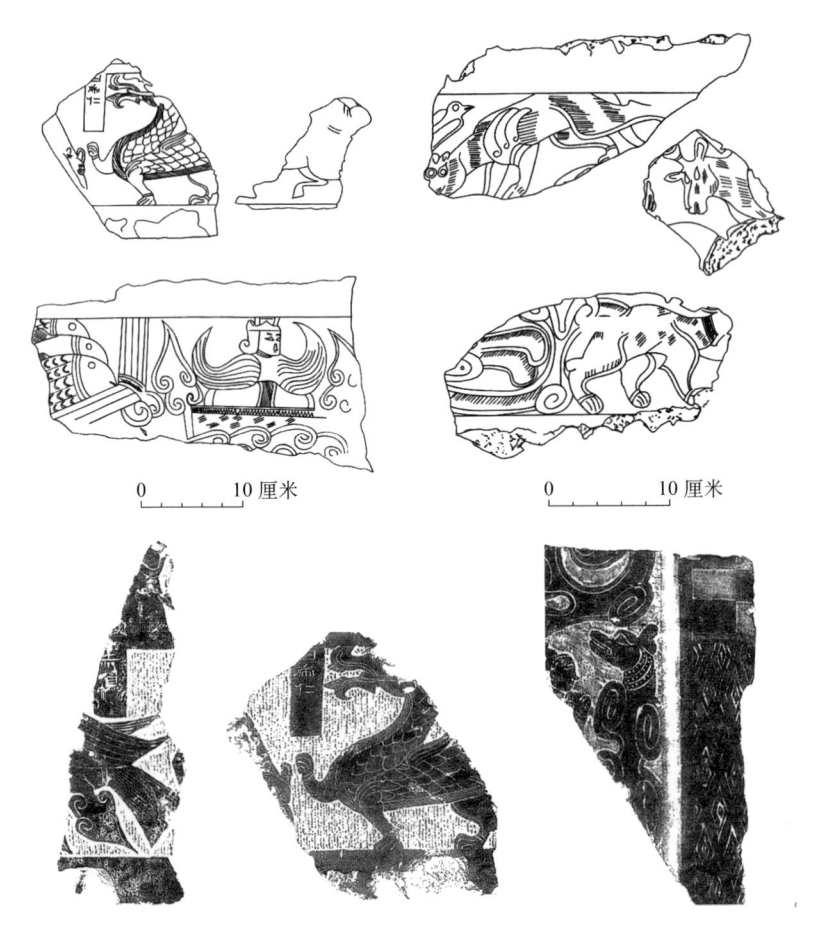

曹操高陵画像石中的神仙祥瑞图像

其中；还有1块画像石，刻画了一轮弯月和一条跃起的犬，猜想是表达"天狗食月"的故事吧。

曹操高陵画像石中的神仙祥瑞图像不是个例。考古发掘早已确认东汉人心里普遍"住着天"，"天上住着仙"是曹操生存时代的全民信仰。

祈求长生

曹操高陵画像石的"羽人"不但能飞，而且长生不老。由于拆除祠堂可能导致部分画像石遗失，否则也许能够看到捣药的玉兔。玉兔捣的是长生之药，这是东汉画像石中的常见题材。

见识了这些画像石，就不难理解为什么考古发掘的汉代文物中，常常能见到雕刻有"长乐未央""与天久长""长生无极"文字的瓦当或其他文物。

曹操高陵画像石中的"羽人"形象

忠孝节义

东汉是极其讲究孝道的时代。曹操高陵画像石中，表现了多个与忠和孝相关的故事，仔细数来，竟然有"伯夷叔齐""申生故事""贞夫韩朋""梁高行""杞梁妻""秋胡子""孝子伯榆""义人赵宣""周公辅成王""七女复仇""金日磾"等多种。

一概是十分优美但略带凄凉，有的时候还有点血腥的忠孝故事。

伯夷叔齐拒食周粟，太子申生自杀敬父，公孙接、田开疆、古冶子弃桃赴义自杀，赵宣子义赈饿人还救自身，这些故事都是关于男性的，女性的忠孝故事同样让人唏嘘不已。

梁国的寡妇高行，为忠于死去的丈夫，拒绝嫁给愿意迎娶自己的梁王，不惜将自己美丽的脸刺破。

美丽的贞夫为宋王所逼进宫，撞见被宋王迫害致残的夫君韩朋，贞夫不弃韩朋容颜丑陋，毅然搭箭投书，抛弃富贵，从一而终。

秋胡子的故事则略显滑稽。这是一则刘向在《列女传》中记载的故事：鲁国人秋胡子迎娶美女洁妇五日之后，便前往陈国做官，为官五年才返回家乡。其时洁妇出落得更加美丽。秋胡子在归乡途中，撞见有个妇人在路旁采桑。秋胡子见妇人如此美丽，忍不住下车调戏说，我有黄金，给你钱财，你从了我呗。不料妇人却说，我采桑纺布，为的是敬奉堂前老人、奉养夫君之子。我只希望自己的夫君没有外心，我并非贪财之人。秋胡子骗色不成，悻悻离去。胡子返家，母亲招呼他的媳妇出来相见，才知是路遇

0 10厘米

画像石中的故事

第一排：申生故事
第二排：加框处为义人赵宣故事，未加框为贞夫韩朋故事
第三排：加框处为金日磾故事，未加框为三（二）桃杀三士故事

曹操高陵画像石中的"秋胡戏妻"故事

的采桑女。秋胡子惭愧不已。此时"采桑女"洁妇责怪秋胡子说,你路遇妇人便以金钱相赠,忘记自己有母亲要孝敬,勾引偶遇女子,是好色淫泆。你孝义皆无,我不想见到你,你去娶别的女子吧。于是离家往东,跳入河中自尽。

另一则与女性有关的故事同样略带血腥。

曹操高陵的出土文物中,有1块画像石,长128厘米,宽71厘米,厚11厘米。这是安阳公安收缴的曹操高陵文物之一。据盗墓者回忆,此石发现时已断为三截。

画面上的对峙或打斗场面最初曾被某些文物爱好者解读为"水陆攻战"或"乌江自刎",实际则应该叫"七女复仇"。理由很直接:1972年内蒙古和林格尔东汉墓中出土过一件题材和画面结构十分相似的壁画,表现的是女子围绕渭河桥行刺"长安令"的搏斗画面,其旁有题榜标注为"七女为父报仇"。

虽然诸多理由可证高陵画像石与和林格尔汉墓中的"七女复

仇"壁画题材相同，但毕竟二者尚有某些细节上的区别。将二者题材等同，难免让人产生一丝"搭错桥"的顾虑。然而20年后山东莒县的一项新发现，则完全打消了少数谨慎学者心中的这一顾虑。

1993年，山东莒县东莞镇的一座宋墓中，发现12方画像石。这些画像石原为墓主孙熹墓前的阙门，立于东汉灵帝光和元年（178），后被宋代人筑墓利用。

山东莒县出土"七女"画像石拓片，右上角有"七女"残字
（引自刘云涛：《山东莒县东莞出土汉画像石》，《文物》，2005年第3期）

就画面构图、复仇者穿着、兵器使用等方面而言，莒县画像石显然更接近高陵画像石。如此高度的题材及画面相似性，加上莒县画像石上的"七女"题榜，几乎坐实了高陵画像石可以命名为"七女"或"七女复仇"。

曹操高陵"七女复仇"画像石及复原图（复原图为钟雯绘制）

  同为"七女复仇"题材，高陵画像石将故事内容刻画得更为细腻，其画面已经将"七女"内容直接表现出来。画面中桥上、桥下所表现的，其实是行刺过程的两个阶段。细心观察我们便能发现，画面桥上行刺的女子，正好是七人。正合"七女"之数。将桥面与桥下分作事件的两个阶段解读，可以解释画面中 11 位执兵刃者与"七女"之数的矛盾，也解释了为什么桥上之人无一往桥下观看这一奇怪现象。

依据画面，可还原《七女复仇》故事的整个过程：

秦咸阳令因捕杀一位无辜男子遭其7名女儿复仇。夏季某日，咸阳令外出。一行6人，分乘3车，依前导车、主车（令车）、主簿车自右向左相随而行，咸阳令等人行至渭河桥的桥顶时，突然跃出7名手持兵刃的女子。其中4人分两组插入3辆马车之间，将前导车、主簿车隔开；其余3人截住游缴；受到攻击的咸阳令慌忙中跳入水中。桥面刺客中的4名女子，包括其中的2名左撇子，分乘2艘小船再次夹击，最终将咸阳令击杀于渭水。

《七女复仇》故事的一个重要细节是女杀手并未滥杀无辜，她们的目标只有一个：咸阳令。女复仇者兵刃在手但只攻击咸阳令1人的画面，传递出明确的"冤有头，债有主"信息。无缘无故的杀戮绝然不可能成为与"申生故事"等一样的孝道故事受到赞扬。

东汉后期，一些高等级墓葬以巨石营建墓室或在墓地建祠，并在墓、祠的石构件上刻画多种题材的场景、人物或故事，以表达当时的社会思潮、精神信仰和政治、文化观念。常见题材有神仙祥瑞（西王母、东王公、仙人、羽人）、古代圣贤（尧、舜、禹、汤、文王、伯夷叔齐、孔子见老子）、忠孝故事（申生、贞夫、秋胡子、杞梁、蔺相如完璧归赵、梁高行、缇萦救父、老莱子娱亲、丁兰供木人、金日䃅）、仁人义士（赵宣、荆轲、二桃杀三士）、战争攻防（攻战图）、居家生活（庄园建筑、庖厨图）、农耕狩猎（狩猎图、农耕图）、车马出行（出行图）、歌舞宴饮、大事记录（泗水捞鼎、齐皇后钟离春）、驱邪镇鬼（方相氏、执幡图）、宣传教化（儒生讲经）等。"七女复仇"属于其中的忠孝故事。

汉代大力宣扬忠孝，画像石上的这些忠孝节义故事，犹如今天学校中的课本，目的是以图像方式向社会宣传当时提倡的道德理念，甚至国家选拔官员也采取"举孝廉"的方式。平民百姓若获得"孝顺亲长、廉能正直"的社会评价，便有晋升机会。国家则通过提倡孝道维护秩序，稳定社会。上下各得其所，都竭力宣传尽孝，画像石艺术应运繁荣。

画像石以图像方式，表现忠孝故事，对于知识阶层规模尚小的汉代社会，可以获得最直观的宣传效果。许多人为了表现孝道，聘请精工良匠、选择优质石材雕刻忠孝故事，不惜倾家荡产。"七女复仇"画像石，正是完成于此种社会背景之下。

过度宣传忠孝文化，导致社会为贞节举刀，为孝道疯狂修墓建祠。于是坟越修越大、随葬品越放越多、祠堂越建越宏伟。这便是曹操生活的时代。

虽然曹操本是举孝廉出身，但目睹社会厚葬成风、淫祀不绝，决心改变这种不良风尚，于是提出"绝淫祀""行薄葬"，改"举孝廉"为"唯才是举"[22]。

他要改变他所生存的这个世界。

军旅生涯

曹操高陵出土文物给人留下印象最深的，除了曹操的头骨、

---

22. 曹操《述志令》："孤始举孝廉，年少，自以本非岩穴知名之士，恐为海内人之所见凡愚，欲为一郡守，好作政教，以建立名誉，使世士明知之；故在济南，始除残去秽，平心选举，违迕诸常侍。以为强豪所忿，恐致家祸，故以病还。"

画像石之外，便是墓中的铁兵器。

东汉已进入铁器时代。此时的兵器已不再是战国时代的铜戈、铜矛，而是让位于铁剑、铁刀、铁箭头。防护用的兵器中，铁铠甲已经普遍投入使用。

曹操高陵出土的铁器数量大、种类多。据不完全统计，铁器残块超过4 000余件，其类别有兵器、工具和生活用器，而又以兵器种类最全。

兵器种类有刀、剑、蒺藜、箭头、匕首、铠甲、胄（头盔）等。

墓中共出土4块剑身残块，可能属于3柄不同的剑。铁刀分大、中、小三种，其中大刀4把，中型刀2把，小刀11把，均已残断。另外还发现多件刀柄，多件刀、剑的背上还残留有刀鞘或剑鞘遗留下来的朽木痕迹。经检测，刀、剑均是钢质。

曹操高陵中的箭头有各种形制，可用于不同场合和不同目的。

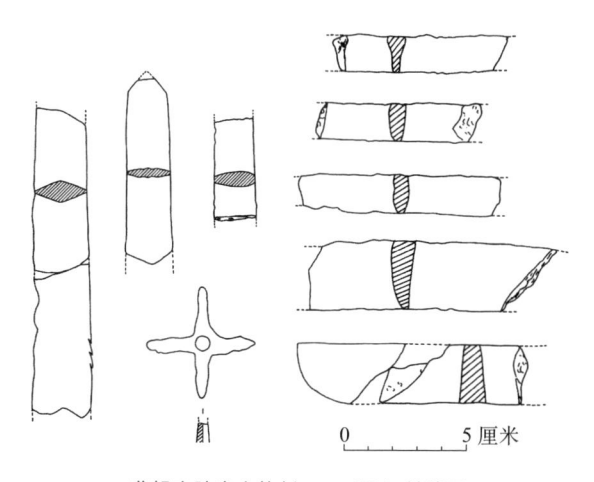

曹操高陵出土的剑、刀以及匕首线图

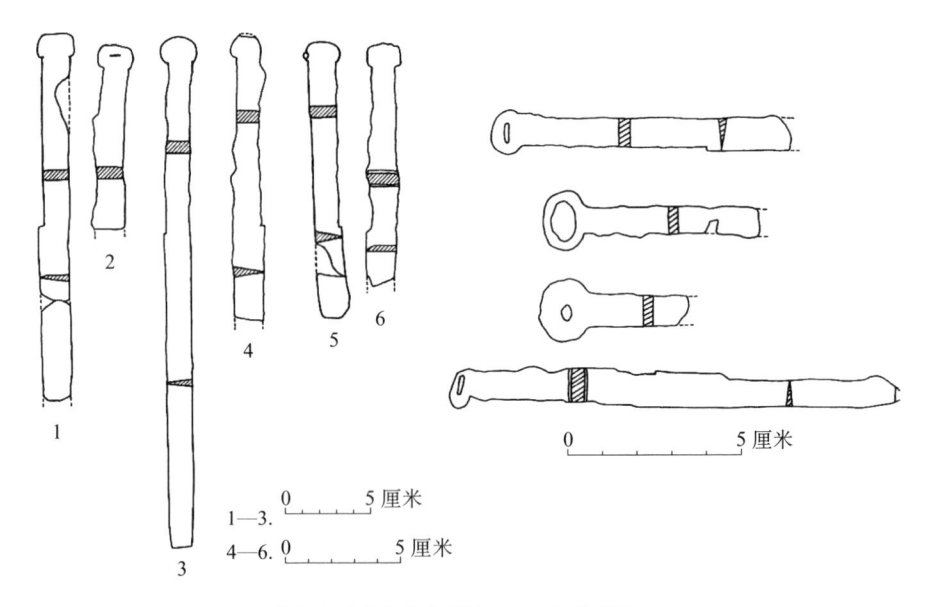

1—3. 0　　　5厘米
4—6. 0　　　5厘米

曹操高陵出土的小型铁刀以及匕首线图

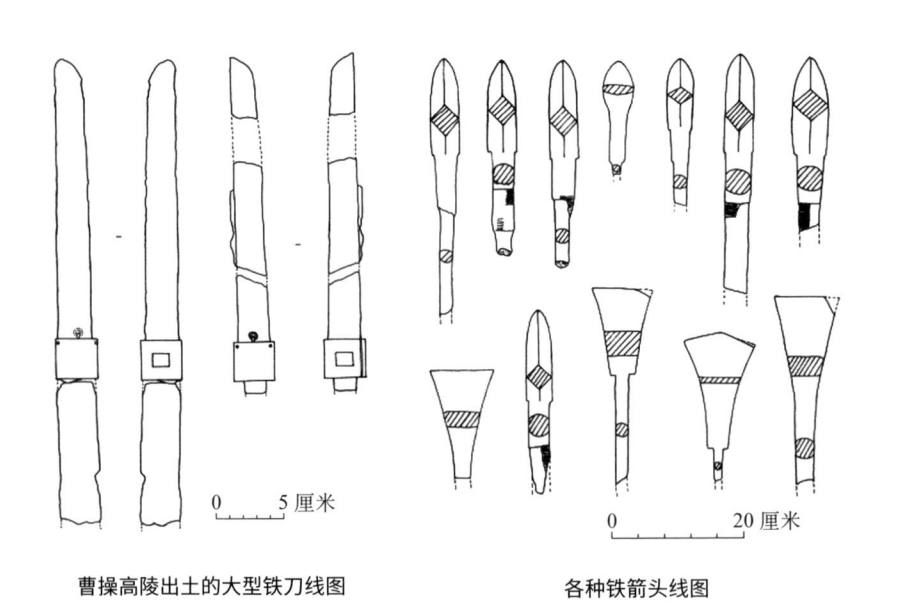

0　　　5厘米

曹操高陵出土的大型铁刀线图

0　　　　20厘米

各种铁箭头线图

铁铠甲出土时散落在各个墓室的扰土和淤土中。有单片甲，更多的是锈蚀在一起胶结成大块、保存着原始结构的铠甲残部。甲片多呈鱼鳞状编连。据统计，出土铠甲数量多达3 000多片。与铠甲相关的铁质文物，还有铁的护胸镜，以及护肩的铁甲片。

铁铠甲（潘伟斌供图）

墓中出土的另一种防护性兵器是铁胄，即头盔。出土时已残为数块，外表尚残留朱漆。

墓室内那件锈迹斑斑的铠甲、那柄铁刀和铁剑，见证了曹操一生多少生死时刻！

这些兵器的解读，应与同墓所出"魏武王常所用挌虎大戟""魏武王常所用挌虎大刀""魏武王常所用挌虎短矛"等石牌对应。想必4 000余件铁制品残件中，必有曹操生前"常所用"的戟、刀、矛和盾。"常所用"兵器，正是曹操戎马一生的写照。透过这件铠甲，我们看到曹操当年率三千健儿在陈留（今河南开封）起兵，伐董卓、匡扶天子、诏令诸侯，诛吕布、灭袁绍、平乌桓、征马超，将中国北方收归一体的矫健身影。

登高而赋

曹操高陵出土的数十块石牌中，有块刻有"书案一"字样。这种属于"遣册"性质的石牌，记录了墓内置有书案。东汉墓葬中，出土陶井、陶灶，甚至陶楼、陶猪、陶水田模型都是正常的，但从未见有书案。所以书案是曹操个性化的随葬品，或许这张书案曾经伴随他出入军旅。

个性化的随葬品还有 1 件陶砚。

曹操高陵出土的六边形石牌中，有 2 块分别写的是"墨饼一""墨廉薑函一"。虽然清理出来的标本中并无墨的实物，想必作为有机物的墨早已分解在泥土之中，但既有石牌，当年的随葬品中必有墨。另有 1 块六边形石牌，上刻"墨表赤里书水碗一"，也不排除与书写用具相关。

墨的石牌及陶砚（明器）

书案、陶砚还有墨块能干什么？答案不言而喻。或许《短歌行》《苦寒行》《度关山》《陌上桑》正是在这张书案上完成的。

"老骥伏枥,志在千里;烈士暮年,壮心不已。"

这是曹操晚年对自己的要求,其实也是他一生的写照。

曹操高陵里,随葬有1盏铜灯。我们似乎能看到曹操挑灯夜读的情景。

曹操高陵出土的铜灯盏

这位常年患头风病的老人,领导着一个国家。外有强敌,内存忧患。他一生要承受怎样的压力?但他从来没有失去统一国家的意志。看到墓葬中出土的"魏武王常所用慰项石",我们才能真正读懂曹操的《龟虽寿》。

刀剑铠甲与书案陶砚相伴一生。人们不应奇怪曹操曾经为《孙子兵法》作过注,曹注《孙子兵法》将他的军事生涯与学者习性完美地联结起来。

这就是曹操,集政治家、军事家、文学家于一身的曹操。

古往今来,能集政治家、军事家、文学家于一身的又有几人?

偶尔为博

曹操高陵的六边形石牌中,有1枚刻有"樗蒲床一"。樗蒲

"樗蒲床一"石牌

（音 chū pú），是继六博之后的一种博具，靠投掷比胜负，盛行于东汉末年。

东汉经学家马融著有《樗蒲赋》，提及"昔玄通先生游于京都，道德既备，好此樗蒲"。东晋葛洪《抱朴子·百里》记载说，当时有酷爱围棋和樗蒲而废政务者，也有田猎游饮而忘庶事者。可见樗蒲在当时的洛阳十分盛行。

曹操也是凡人。长期的军旅生涯，有时需要娱乐打发孤寂。曹操高陵出土此物，显示曹操平日有此爱好，同时也透露了曹操血液中每天都流淌着进取争胜的豪情。

车马出行

纵横千里，需要出行工具。

曹操高陵中出土了一批车马器。包括鎏金铜盖弓帽、鎏银铜伞箍、铜伞帽、铜栓钉等，证实随葬品中至少有马车1辆。

第一排：鎏金铜盖弓帽（3枚）、铜伞箍（1件）、铜栓（1件）
第二排：鎏金铜拉片（2件）、鎏金铜衔环（2件）
第三排：鎏金铜钉（5枚）

　　墓葬中还出土了铁质马衔和马镳各2件，均已残断。推测也是马车所用。

　　同墓出土的六边形石牌1块，上刻"辒车上广四尺寸长一丈三尺五寸涞升帐构一具"，与上述马车饰件相印证。

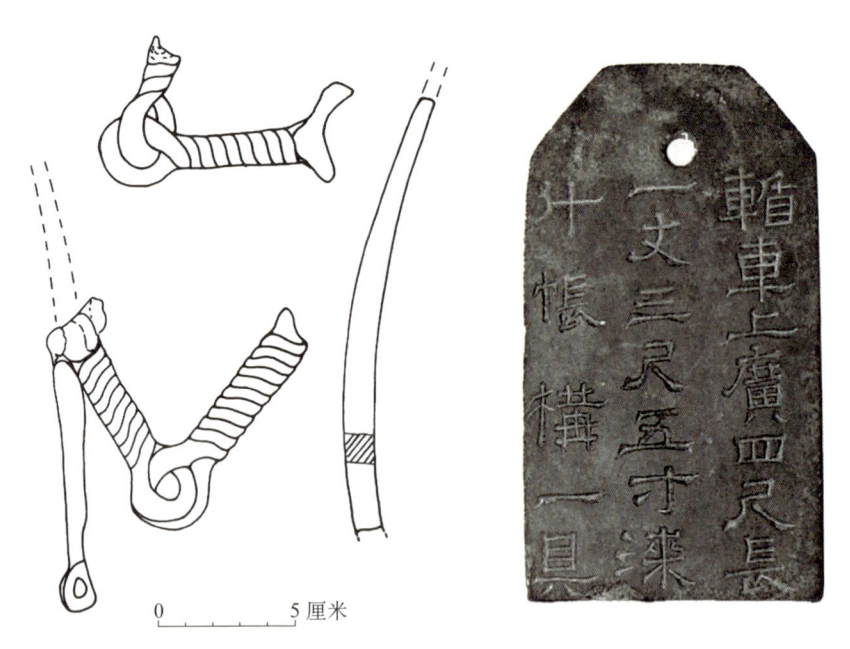

马衔、马镳线图及"辒车上广四尺寸长一丈三尺五寸涞升帐构一具"石牌

重视农耕

曹操高陵出土了1把铁锸。

铁锸是汉代农业生产中最重要的工具之一。古文献《郑白渠歌》描写魏晋时期的劳动场景，有"举锸如云，决渠为雨"之句。

铁锸

曹操以铁锸随葬，让人想到他当年在许昌时大兴"屯田制"、发展农业的举措。

常年战争，拼的是经济。不管亲身农耕还是表演作秀，用1件铁农具随葬，都是曹操重视农业生产在墓中的反映。

对酒当歌

对酒当歌，人生几何！
譬如朝露，去日苦多。
慨当以慷，忧思难忘。
何以解忧？唯有杜康。
青青子衿，悠悠我心。
但为君故，沉吟至今。
呦呦鹿鸣，食野之苹。
我有嘉宾，鼓瑟吹笙。
明明如月，何时可掇？
忧从中来，不可断绝。
越陌度阡，枉用相存。
契阔谈䜩，心念旧恩。
月明星稀，乌鹊南飞。
绕树三匝，何枝可依？
山不厌高，海不厌深。
周公吐哺，天下归心。

一首《短歌行》，道尽了曹操的抱负、理想和些许无奈。

《短歌行》第一句,"对酒当歌,人生几何",直抒胸臆。历经乱世的曹操,思贤若渴,他想利用不多的时年,求得人才,使天下归心。伟大的抱负与求索的艰难,使他爱上了酒。

曹操饮酒一事,在墓葬中得以证实。曹操下葬之时,随葬耳杯51件。

耳杯,又称羽觞,是战国至魏晋时人们喝酒的酒器。曹操高陵中的耳杯虽然是陶质明器,却是"服侍"墓主人来世所用。51件耳杯,分为大、中、小、微四种型号,其中大型耳杯32件,占去多半。

陶耳杯

曹操高陵中除饮酒器外,一同出土的还有陶鼎、陶甑、陶豆、陶勺、瓷罐,以及1件陶圈厕和2件陶灶。陶圈厕是方便之器,同时养猪。陶灶当然是用来加工食物的。

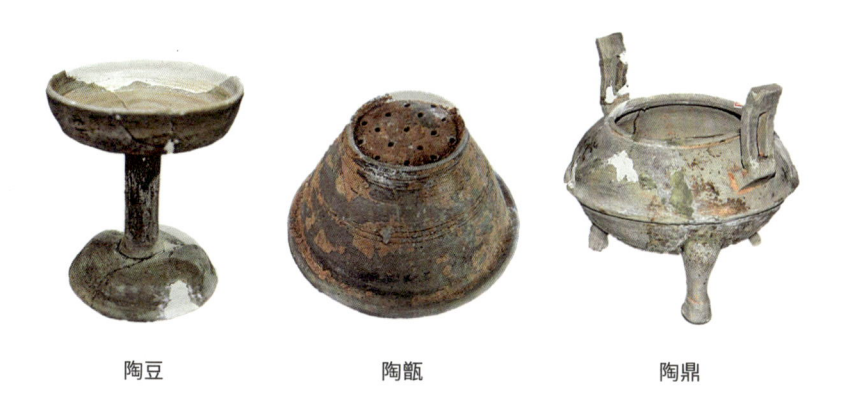

陶勺

陶豆　　　陶甑　　　陶鼎

陶灶

陶圈厕表示有肉食提供、陶灶表示食物加工、瓷罐表示贮藏。这类器物相互配合，可谓"有酒有肉"，至少是曹操日常饮食生活的间接反映。

曹操的生活，或许就这么简单。

生死伴侣

曹操高陵发现两名女子的头骨，一名50岁以上，另一名20—25岁。从头骨形状看，两名女子都颅形周正，推测颜值很高。测量获知，两名女子的股骨都为37.6厘米，推测她们身高相若，应该都不超过155厘米。

她们是谁？

西汉时，帝与后通常在同一墓地开挖两个墓穴，分开埋入，形成"异穴合葬"关系，例如北京大葆台西汉墓。东汉时，开始出现夫妻葬于同一墓室的情况，河北定县的刘畅夫妇墓即是如此。这种葬法，称为"同墓合葬"或"同穴合葬"。

曹操高陵由墓主与两名女子"同墓合葬"，在墓室内，两名女子各自独居一个侧室，可知身份不低，不大像侍女的待遇。因此她们的身份，首先应该从文献记载中具有较高身份的"曹女郎"中去寻找，包括曹操的夫人。

曹操身边的女子，见于文献记载的主要有丁夫人、刘夫人、卞夫人。其他女子虽见记载，但事迹不详。

丁夫人是曹操的嫡妻，而最先为曹操生育的是刘夫人。刘夫人去世早，死前留下儿子曹昂。曹昂便由丁夫人抚养。曹操征张

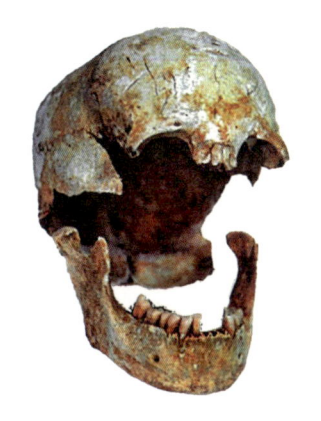

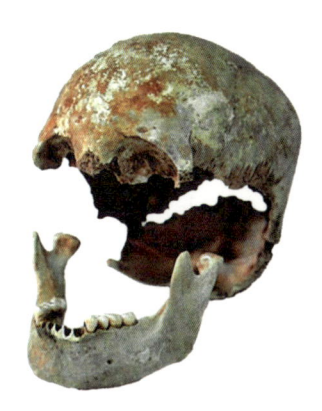

2号人头骨（左）和3号头骨（右）

绣时，曹昂不幸被杀。丁夫人每天痛哭不止。曹操忍受不了丁夫人哭哭啼啼，便将丁夫人逐回老家。丁夫人性格倔强，最终也未与曹操和好。

曹操的妻妾中，卞夫人最为贤惠。因此卞氏在曹操所有妻妾当中地位最高。卞氏是琅玡（今山东临沂北）人，家世不显。曹操年轻时，在家乡娶了卞氏，后来将她带在身边。曹操每有征伐，都是卞氏随军照料。

卞夫人生有曹丕、曹植等兄弟。长子曹昂死后，曹丕等便被曹操视为掌上明珠。卞氏处事谨慎、得体。曹丕被立为太子时，卞"怒不变容，喜不失节"。建安二十四年（219），曹操去世前一年，卞夫人被立为王后，是为卞后。卞后性好节俭，不尚华丽，有体恤民苦之心，也甚得曹操赏识[23]。

文献中还提到另一位刘夫人，是曹昂和清河长公主的母亲。

---

23. 陈寿：《三国志·魏书·后妃传》。

上述几位，卞夫人最有可能是高陵中的女子。

考古学中的人骨年龄鉴定，有一个误差范围。人类学家无法将1 800多年前的死者年龄精确到出生于某年某月。高陵中的两名女子的标本都是头骨，没有骨盆、肢骨等资料可用。头骨的年龄鉴定，主要是牙齿和头骨的骨缝，但这两项指标都有局限性。其中一名女子年龄20—25岁，易于理解，但另一名女子年龄"50岁以上"，不能简单理解成"50—55岁"。由于人头骨上最后一条骨缝闭合之后，再无骨缝可以观察。因此鉴定年龄"50岁以上"，实际年龄却有可能在60岁以上，甚至更老。

《三国志·魏书·后妃传》明确记载，卞夫人死于太和四年（230）五月，七月合葬高陵[24]，给《魏书》作注的裴松之说卞夫人生于东汉延熹三年（160）[25]，由此推算卞夫人寿约70岁，在人骨鉴定的年龄范围内，加上史料明确记载她"合葬高陵"，这就增加了曹操高陵中年长女性是卞夫人的可能性。

另一个相当重要的证据是，考古队在对曹操高陵"二次发掘"时，发现了曹操下葬后不久，墓道被二次打开的证据。这似乎更能印证文献记载中卞后从葬高陵的事实。卞后死于五月，葬于七月，两个月的时间完全有可能将曹操高陵二次打开并将卞后安排在曹操身边的侧室之中。

但是近年考古人员勘探发现，在曹操高陵东北侧还发现一座大型墓葬，年代稍晚于高陵，打破陵园的东北角，其形制具有

---

24. 陈寿：《三国志·魏书·后妃传》。
25. 陈寿：《三国志·魏书·后妃传》，裴注引《魏书》。

魏晋时期高规格的特征。由于尚未发掘，这座墓葬的墓主也不能排除是卞后。因此，高陵侧室中那位年长的女性是谁，仍然存疑。

那位20—25岁的女子又是谁？年纪轻轻，她显然不可能是卞后。为曹操生了曹昂和清河长公主的刘夫人便成了"重点嫌疑人"。刘夫人死于建安初年，也有可能迁葬于高陵。然而这只是推测，这位年轻女子的真实身份，很可能成为千古之谜。

两名女子，各自独享一棺，独居一室，陪伴曹操左右，受到极高礼遇，算是走完了风光的一生。

清白一生

曹操被不少人称为"绝汉统"的"奸贼"。曹操高陵的发现，最大的"贡献"，当是澄清了对曹操"篡位"的指责。

是的，曹操没篡位。直到辞世入土，一如文献所载，他仅仅是"魏王"。

曹操的身份，在墓葬的规格、规模方面都得到了体现。例如前室和后室的"四角攒尖"的结构，非普通东汉人可以使用；而就随葬的物品而言，很能体现曹操帝王级身份的，是发现于后室的青玉璧。

玉璧整体呈扇形。中部有密集的蒲纹，边缘处有一周平滑的窄边，出土时已断为数节。残存部分弧边宽5.1厘米，厚0.5厘米，复原后直径约16.5厘米。此种规格，无疑是帝王所用。汉景帝所用玉璧，直径也是16厘米。

同墓出土有 1 件石圭和 3 件石璧，石圭的长度和石璧的直径均超过 28 厘米，也是帝王级身份的反映。

玉璧残件　　　　　　　　　　　石圭、石璧

此外，曹操高陵的后室出土有 1 件玉剑格，玉质极佳，其上粘有铁锈，剑格的孔径约 4.85 厘米，也能体现王者的身份。

然而墓葬中所有的文物，最直接体现曹操身份的便是圭形石牌。

曹操高陵出土完整及可辨认形制的圭形石牌 10 块，上刻有"魏武王常所用挌虎大戟""魏武王常所用挌虎大刀"等字样。

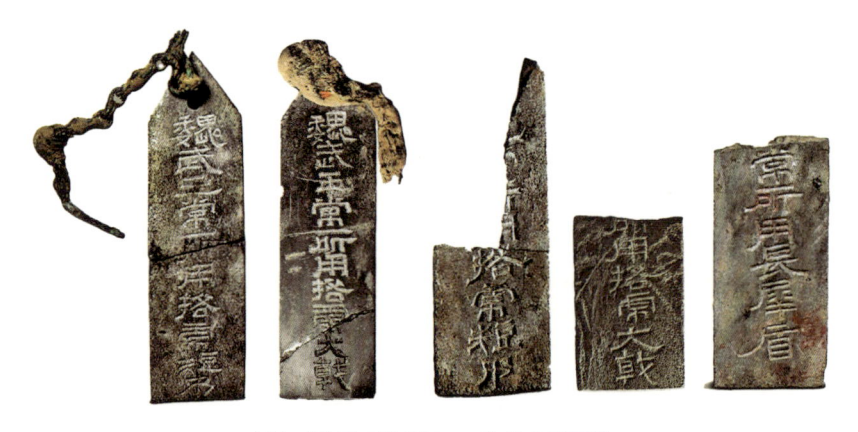

刻有"魏武王常所用……"的圭形石牌

为什么是"魏武王"而不是"魏武帝"或"武皇帝"？这个根本的区别，清晰地传递出一个信息：曹操到死还只是"王"。

既然是"王"，就比"皇帝"差一级。

有人以曹操高陵中随葬了12件陶鼎，其用鼎之数与《后汉书·礼仪志》所载"东园秘器"中皇帝用"瓦鼎十二"相符，说曹操下葬时用了天子之礼。其实，曹操用鼎随葬，与其筑寿陵不同。后者是曹操自己安排，前者下葬时用鼎陪葬，实际是曹丕所为。曹操下葬后八个月曹丕称帝，是历史事实。作为早已有志于帝位的曹丕为其父僭越用鼎，系情理之中。但曹丕所为，不等于曹操践位称帝。曹操在世之时，汉献帝已许其"建天子旌旗"，但他终究没有称帝。

既未称帝，何来"篡汉"？

说到这里，我们不能不想起一件事：

公元219年，曹操去世前一年，邺城发生魏讽的反曹叛乱。叛乱平息后群臣替曹操深感不平。曹操为汉室尽心尽职，却还有人暗算他，倒不如干脆废了献帝，直接当皇帝算了。于是"劝进"之声四起。前将军夏侯惇说得最直接：

天下都知道汉朝气数将尽，一个新的朝代正在兴起。自古以来，能够为民除害，使百姓归附的，就应该成为天下之主。你戎马三十余年，功德盖世，天下归附。既应天命，又顺民心，当皇帝还有什么可犹豫的呢？

曹操的回答却是：

如果天命使我有了当皇帝的可能，我还是学周文王（专心辅

曹操高陵出土的 12 件陶鼎
（曹操高陵遗址博物馆馆长孔德铭供图）

佐皇帝）吧[26]。

曹操的一生，清清白白。

薄葬终老

征战一生，交结豪杰无数。曹操看惯了死亡。他对自己的死，从容面对。他在生前便给自己安排了"寿陵"。关于葬地，他交代在"邺之西"选"瘠瘠之地""因高为基"；关于陵墓建设，他交代"不封不树""无藏金玉珍宝"。

他的墓葬虽然使用了大量石材，但是系从拆毁的他人石祠取材"二次利用"；比起同时代比比皆是的巨大坟冢，贵为魏王的曹操只给自己筑造了面积约740平方米的安息之所。随葬品中虽然也有"黄蜜金廿饼、白蜜银廿饼、亿巳钱五万"，但物疏（石楬）所列，主要还是自己生前所用。墓室之中，四壁洁白，虽有帐幔，但不涂壁画。他的确是位严于律己、厉行节俭的老人。他的明器都是陶器，简易而普通。生前戒奢尚俭、不好华丽的习惯，完全得到了证实。

随葬品中的"香囊卅双"，让人想起他在《遗令》中的嘱托："余香可分与诸夫人"，又说"吾余衣裘，可别为一藏，不能者，兄弟可共分之"。

在《度关山》中，曹操发出"侈恶之大，俭为共德"的感叹。

曹操高陵中的物疏中，有一枚刻有"四副被"。这一记录似乎

---

26. 陈寿：《三国志·魏书·武帝纪》，裴注引《魏氏春秋》："若天命在吾，吾为周文王矣。"

有提示曹操生前的节俭。《内诫令》中，他带着教训的口吻对妻妾说："吾衣被皆十岁也，岁岁解浣补纳之耳。"翻译成现代汉语，便是：我盖的被子都十年了，还只是每年拆下来洗洗，破了补补再盖啊[27]。

曹操死后，儿子曹植想起一生节俭的父亲，哀号不能自止。他一边哭，一边说他父亲临死是身穿打了补丁的衣服走的[28]。

曹操的临终言论和墓中所见的随葬品，与他早年反对"淫祀"相始终。反对浪费，是他一生的准则。

撰写《三国志》的陈寿，对曹操给过一个总评：

太祖（曹操）运用自己的智慧，纵横天下。他既懂秦国申不害、商鞅的治国之策，又有韩非子、白起的经世之术。他因材施用，因事而谋，既讲情义又有心计，而且不念旧恶，不计前嫌，因而总能把握机会，做成大事。这是因为他懂得把握全局啊。所以必须说他不是普通之人，而是超世之杰[29]！

有了考古发现的支持，我们不妨依托历史文献中的"正史"材料，还原这位"超世之杰"的完整人生。

---

27. 曹操《内诫令》："吾衣被皆十岁也，岁岁解浣补纳之耳。"
28. 曹植《武帝诔》："躬御缀衣，玺不存身。"
29. 陈寿《三国志·魏书·武帝纪》："汉末，天下大乱，雄豪并起，而袁绍虎视四州，强盛莫敌。太祖运筹演谋，鞭挞宇内，览申、商之法术，该韩、白之奇策，官方授材，各因其器，矫情任算，不念旧恶，终能总御皇机，克成洪业者，惟其明略最优也。抑可谓非常之人，超世之杰矣。"

尾声　英雄谢幕

历史文献，留给人们一个斑驳杂乱的曹操印象。

曹操的"自己人"徐晃大叹自己遇到明主，决意以功报效[1]。郭嘉拿曹操与袁绍比较，说曹操的道、义、度、谋、德、仁、明、文、武，无不远胜袁绍。

刘备却说曹操窃取汉室，为乱天下，作践民生[2]。周瑜也指责曹操托名汉相，实为汉贼[3]。陈琳在"讨曹檄文"中，大骂曹操出身宦官，没有德行，狡诈凶残[4]。

稍经时间沉淀之后，史学家对曹操的评论也各不相同。

《三国志》作者陈寿对曹操整个一生的评价可谓不低，称其为"非常之人、超世之杰"。

历魏、晋两朝的王沈在《魏书》中，将曹操与孙武、吴起相提并论。

西晋时，曹操只有一件事被人抓住诟病。即当年汉献帝衣带

---

1. 陈寿《三国志·魏书·徐晃传》："古人患不遭明君，今幸遇之，当以功自效，何用私誉为！"
2. 陈寿《三国志·蜀书·先主传》："董卓首难，荡覆京畿，曹操阶祸，窃执天衡；皇后太子，鸩杀见害，剥乱天下，残毁民物。"
3. 陈寿《三国志·吴书·周瑜传》："虽托名汉相，其实汉贼也。"
4. 陈琳《为袁绍檄豫州》："操赘阉遗丑，本无懿德，僄狡锋侠，好乱乐祸。幕府董统鹰扬，埽夷凶逆，续遇董卓侵官暴国，于是提剑挥鼓，发命东夏。"

诏事件发生后，他遭华歆收杀伏皇后。吴人所作《曹瞒传》利用此事，极力渲染曹操的残忍无道。

至于其他人的批评，如孙盛在《异同杂语》中批评曹操当年攻陷邺城后，对袁绍妻进行慰问，又去袁绍墓哭拜是虚情假意，则是无关痛痒之事。

东晋时，针对曹操的批评开始多起来，而且不限于批评他收杀伏皇后一事。

东晋人习凿齿著《汉晋春秋》，哀叹"吴魏犯顺而强，蜀人杖正而弱"，认为"魏武虽受汉禅晋，尚为篡逆"，意即曹操是个篡逆者。

南北朝以后，曹操的形象江河日下。

为《三国志》作注的南朝人裴松之也引陈琳的《为袁绍檄豫州》大骂曹操："历观古今书籍所载，贪残虐烈无道之臣，于操为甚。"同为南朝人的刘义庆在《世说新语》中，大肆收录揭曹操短的故事。其中最著名的故事是，曹操怕人暗算，常对人说：我睡着之后，千万不可随便接近我，否则我会无意中杀人，而且杀了人连自己也不知道。后来，曹操假意熟睡，有侍候他的人怕他受凉给他盖被，他便顺手把他杀了。刘义庆用这样的故事来暴露曹操的奸诈。

经南朝人丑化之后，曹操的形象开始真正被扭曲。

尽管曹操的形象在唐朝略有好转，但已经很难改变曹操的负面形象。

唐代史学家刘知几，虽然肯定曹操的贡献，但接受不了曹操诛伏皇后的事，指责曹操"贼杀母后，幽迫主上，罪百田常，祸千王莽"。这是极为严厉的指责。

唐太宗李世民也曾经自比曹操,称赞曹操"临危制变,料敌设奇""匡正之功异乎往代"[5],但他明显有所保留,说曹操"一将之智有余,万乘之才不足"。

司马光《资治通鉴》中说曹操早有篡汉之心,不敢废汉而自立,只是因为"畏名义"抑制住了而已。

北宋时,曹操的负面形象进入民间。街巷瓦肆中唱小唱的,演杂剧的,说诨话的,开始将三国故事作为题材。此时人们显然有了向背。据苏东坡说,东京(今河南开封)街头的听书百姓,每当听到曹操大败,即欢天喜地,而听到刘备失败时,甚至有人痛哭流涕。

南宋时,曹操的形象进一步跌入深渊。视曹为贼,已成人们的共识。朱熹作《资治通鉴纲目》,不顾历史事实,公然把曹魏从历史记载中排除到正统之外。

元、明、清时期,曹操的奸雄形象最终定型。

生活在元末明初的罗贯中,参考史籍、采摘传说,在当时各种流传的平话、杂剧基础上,写成《三国演义》一书。书中将刘备树为道德正统,将曹魏排斥在正统之外,并将其描写成一个谲诈、残忍、志窥汉鼎的谋逆称王者形象。《三国演义》流传极广,将曹操的奸雄"广告"推广到几乎每个老百姓心中。

孙权虎踞江东,刘备屯兵西川,可他们都不是奸贼,为什么

---

5. 李世民:《祭魏太祖文》。

奸贼"骂名"独独落在曹操的头上？有人认为是他"挟天子以令诸侯"，这一举措使他身为人臣，却控制着君王，因而无法逃脱历史的指责。这当然是问题的一个方面，但根本的原因，却在于曹操死去之后，他无法左右的历史发展道路。

曹操从英雄沦为"奸贼"的千余年间，东晋、南朝和南宋是关键阶段。

曹操纵横中原，消灭豪强，统一北方，以中原虎视江南。

东晋、南朝时，中国的北方陷于异族手中，偏安江南的东晋、南朝君臣，找到的完全是当年"东吴"的感觉。站在地缘政治的立场，曹操无异于就是雄踞北方的军事对手。骂曹操，也就等同于骂当时的北方异族。南宋时，金人虏走徽、钦二宗，占据中原，偏居江南的赵宋君臣，面临的是与三国东吴和当年刘备完全一样的形势。出于完全相同的心理，南宋人在"爱国情绪"的驱使下，将同情心移向南方的蜀、吴，而仇视北方的曹操。朱熹、陆游视操若寇仇，都是热忱的爱国人士。

特定政治形势下的政治决断和道德选择，使曹操无意中成了历史的牺牲品，从而也就有了《三国演义》这部"曹操的谤书"。

千年逝去，多疑的社会依然多疑！曹操被谤，曹操墓的真伪也经历激烈交锋。历史，似乎不得不如此！

感谢考古，感谢科学，感谢所有人历史知识和考古知识的提升。

西高穴二号大墓的发掘，还给了我们一个真实的曹操。

后　记

《此处葬曹操》是"蓄谋已久"的书名。

2009 年，考古队在安阳发现曹操高陵一事出乎意料地成为社会热点。虽然我的科研领域是商王朝，但由于长期在安阳发掘，迅速被卷入"真假曹操墓"的争论之中，可谓身不由己。

凭着对西高穴二号墓的了解，我从未怀疑那就是曹操的陵墓。2010 年，河南省文物局孙英民副局长以及科学出版社考古分社的闫向东社长打电话邀我写一部有关曹操高陵的书，我第一时间想到的书名便是《此处葬曹操》。

曹操高陵发掘期间，特别是中央电视台公布发现曹操高陵后，我常常进入墓室，见证了曹操高陵发掘的重要环节，观摩了墓内种种重要遗迹现象。曹操高陵发掘领队，河南省文物考古研究所（现河南省文物考古研究院）潘伟斌研究员还多次邀我到当时存放标本的安丰乡敬老院观摩出土文物。从曹操的头骨到"魏武王常所用挌虎大戟"以及"胡粉二斤"石牌等，都得以反复端详。

少年时，我痴迷三国。不仅读过《三国演义》，甚至还在喜爱历史的舅舅督促下读过《三国志》。鲁潜墓志发现后，我一面继续阅读文献，一面关注各种汉墓资料。得益于长期的田野工作历练和自己喜欢死磕资料的习惯，我居然很快便写完了一本关于曹操高陵的书。成书期间，刘庆柱、孙英民、孙新民先生给予了指导，张志清、潘伟斌先生提出过修改建议。多少有一丝遗憾，此书最终未能以《此处葬曹操》出版，而是换成了与当年真伪之辩十分应景的书名：《曹操墓真相》。

《曹操墓真相》的出版，帮助部分质疑曹操高陵真伪的人士解惑释疑，也平息了某些社会争议，受到业界好评。此后十余年中，我持续关注曹操高陵。一方面积极参加业内学术活动，例如国家文物局、河南省文物局组织的有关曹操高陵研究、文物保护以及博物馆展陈的会议；另一方面参与曹操高陵真伪相关的社会辩论，包括北京电视台的《书香北京》和凤凰卫视的辩论节目等。

我深切感受到社会对曹操高陵的持续热情，但印象最深的，是学术研究的不断深入。先前难以详知的问题，经多年研究逐渐清晰。典型的例子是关于曹操高陵铺地画像石的研究和关于十二瓦鼎的研究。当然，最重要的成果是《曹操高陵》考古发掘报告的出版。于是我考虑在《曹操墓真相》基础上重写一部与曹操高陵相关的书，以跟进学界的研究成果。我先将这一想法告诉此时已出任河南省文物考古学会会长的孙英民先生和河南省文物考古研究院的刘海旺院长。他们都很支持。当年慷慨为《曹操墓真相》提供图片的潘伟斌先生此次慷慨依旧，不仅同意我继续使用前书图版，甚至问我是否需要新的图片。对于上述同行朋友的无私支持，我由衷感谢。

除了上面的男士，我还要感谢几位女士。我的助理钟雯、刘子彧协助处理了多幅线图。钟雯的线图生动再现了曹操高陵铺地画像石"七女复仇"的人物形象,广受称赞。此次作为插页,为本书增色甚多。我要特别感谢中信出版集团的副总编辑蔡欣和编辑王晴。她们一直鼓励我写作此书。作为本书责任编辑的王晴为了这本书专赴深圳,以润物细无声的方式说服我,使我成了中信出版集团的粉丝。成书过程中,我信马由缰写作、王晴不厌其烦修改。批注稿上的隽秀字迹,记录的是她的专业水准与职业操守。

《此处葬曹操》的出版恰逢盛事:曹操高陵博物馆经多年筹备,终于对外开放;"姿貌短小,神明英发"的曹操,也有了考古学家根据其骨骼复原的头像。

纪念曹操,一切都来得这么巧,也来得这么好!

南方科技大学文化遗产研究中心讲席教授
河南大学黄河文明与可持续发展研究中心特聘研究员　唐际根
2023 年 5 月　江西罗霄山脉密林深处

老骥伏枥,志在千里。

烈士暮年,壮心不已。

——曹操《龟虽寿》